物流与供应链管理应用研究

张晓红 ◎ 著

吉林出版集团股份有限公司

图书在版编目（CIP）数据

物流与供应链管理应用研究 / 张晓红著. — 长春：吉林出版集团股份有限公司，2024.4
　　ISBN 978-7-5731-4839-1

Ⅰ．①物… Ⅱ．①张… Ⅲ．①物流管理②供应链管理 Ⅳ．①F252.1

中国国家版本馆 CIP 数据核字 (2024) 第 081557 号

物流与供应链管理应用研究

WULIU YU GONGYING LIAN GUANLI YINGYONG YANJIU

著　　者	张晓红
责任编辑	曲珊珊　张继玲
封面设计	林　吉
开　　本	787mm×1092mm　　1/16
字　　数	162 千
印　　张	13.5
版　　次	2024 年 4 月第 1 版
印　　次	2024 年 4 月第 1 次印刷

出版发行　吉林出版集团股份有限公司
电　　话　总编办：010-63109269
　　　　　　发行部：010-63109269
印　　刷　廊坊市广阳区九洲印刷厂

ISBN 978-7-5731-4839-1　　　　　　　　　定价：78.00 元

版权所有　侵权必究

前 言

随着信息化的逐渐发展,全球化发展进程的加快让现代物流的作用变得日益重要。供应链作为整个物流管理的存储端,将收集到的数据信息进行整理、记录和分析来实现对库存情况的反映,实现物流全程掌控的目的。供应链竞争已成为当前企业之间竞争的关键。现代物流企业需要以信息技术为基础,综合现代物流和供应链管理资源,提高产品质量,增强服务,不断提高自身的市场竞争力。将高新技术应用于供应链管理中,紧随信息市场的步伐,实现企业经济的可持续发展,因此,为适应快速发展的人才需求,各高校有必要加强和改进物流与供应链管理的教学工作,更好地培育物流和供应链管理人才。

本书从物流与供应链管理概述入手,深入探讨了供应链中的物流运输管理、配送管理、物流服务管理、物流成本管理等内容。

本书在编写过程中参考了许多国内外同行的著作和文献,在此对所有的原作者表示真诚的感谢!由于编者的水平有限,物流与供应链管理理论和实践也在不断更新,加之时间仓促,书中难免存在疏漏和差错,敬请专家、读者批评指正。

张晓红

2023 年 11 月

目　录

第一章　物流与供应链管理概述 ……………………………………… 1
第一节　物流管理概述 ……………………………………………… 1
第二节　供应链管理概述 …………………………………………… 20
第三节　新时代下的物流与供应链发展 …………………………… 33
第四节　物流与供应链管理的发展趋势 …………………………… 41

第二章　供应链中的物流运输管理 …………………………………… 57
第一节　运输概述 …………………………………………………… 57
第二节　运输方式及选择 …………………………………………… 60
第三节　运输优化管理 ……………………………………………… 81
第四节　多式联运管理 ……………………………………………… 86

第三章　供应链中的物流配送管理 …………………………………… 93
第一节　配送概述 …………………………………………………… 93
第二节　配送中心概述 ……………………………………………… 100
第三节　供应链中的配送合理化管理 ……………………………… 107

第四章　供应链中的物流服务管理 …………………………………… 114
第一节　物流服务概述 ……………………………………………… 114
第二节　物流服务管理 ……………………………………………… 122
第三节　物流服务改善 ……………………………………………… 134
第四节　第三方物流 ………………………………………………… 143

第五章　供应链中的物流成本管理 …………………………………… 152
第一节　物流成本管理概述 ………………………………………… 152

第二节　物流成本核算与分析 ………………………………………… 156

　　第三节　物流成本预测与决策 ………………………………………… 161

　　第四节　物流成本预算与控制 ………………………………………… 167

　　第五节　供应链物流成本管理 ………………………………………… 173

第六章　供应链数字化转型 ……………………………………………… 178

　　第一节　数字化转型的背景 …………………………………………… 178

　　第二节　供应链数字化的关键要素 …………………………………… 184

　　第三节　数据驱动的决策制定 ………………………………………… 192

　　第四节　供应链智能化的实践 ………………………………………… 201

参考文献 …………………………………………………………………… 208

第一章　物流与供应链管理概述

第一节　物流管理概述

物流作为一个现代概念，其本质体现的是一种新的思维模式和管理方式，准确地把握物流的产生和发展过程，有助于理解物流的基本概念和重要性，以便更好地学习物流管理的理论和方法。

一、物流的概念

（一）美国的物流概念

1963年，美国物流管理协会（Council of Logistics Management，CLM）对"物流"下的定义是：物流是为了计划、执行和控制原材料、在制品及制成品从供应地到消费地的有效率的流动而进行的两种或多种活动的集成。这些活动可能包括客户服务、需求预测、库存控制、物料搬运、订货处理、服务支持、工厂及仓库选址、采购、包装、退货处理、废弃物回收、运输、仓储管理。[1]

美国后勤管理协会于1980年对"物流"作出如下定义：物流是有计划地对原材料、半成品和成品由其生产地到消费地的高效流通活动。这种流通活动的内容包括为用户服务、需求预测、情报信息联络、物料搬运、订单处理、选

---
[1] 梅赞宾. 国际货运与物流常用词汇手册 修订版 [M]. 北京：海洋出版社，2011.

址、采购、包装、运输、装卸、废料处理及仓库管理等。

1985年，美国物流管理协会将"物流"的定义更新为：物流是对货物、服务及相关信息从供应地到消费地的有效率、有效益的流动和储存进行计划、执行与控制，以满足客户需求的过程。该过程包括进向和去向、内部和外部的移动。这一更新后的定义，突出了管理效益，强调"有效率、有效益的流动"，适应的领域更广。[①]

美国物流学家查尔斯·塔夫将"物流"定义为：物流是对到达的及离开生产线的原料、在制品和产成品的运动、存储和保护活动的管理，它包括运输、物料搬运、包装、仓储、库存控制、订货销售、选址分析和有效管理所必需的通信网络等。[②]

1998年，美国物流管理协会给出了最为完整、简要，并为全世界企业及协会所参考和引用的物流定义："现代物流是供应链程序的一部分，针对物品、服务及相关信息的流通与储存，从起源点到消费点进行有效率及有效果的规划、执行与控管（即管理），以达成客户的要求。"[③]

（二）日本的物流概念

在日本，"物流"是20世纪50年代后期从美国引进的流通经济新概念。但是到了20世纪70年代，日本已经成为世界上物流业最发达的国家之一。20世纪五六十年代，日本的企业界和政府为了提高产业劳动率，组织了各种专业考察团到国外考察学习，公开发表了详细的考察报告，全面推动了日本生产经营管理的发展。

[①] 王新利. 物流管理[M]. 北京：中国农业出版社，2007.
[②] 王新利. 物流管理[M]. 北京：中国农业出版社，2007.
[③] 王新利. 物流管理[M]. 北京：中国农业出版社，2007.

具体来看，日本自1956年组织流通技术考察团考察美国，引入物流观念后，1958年6月，又组织了流通技术国内考察团对日本国内的物流状况进行了调查，大大推动了日本物流的研究。从1961年至1963年上半年，日本将物流活动和管理称为"Physical Distribution"，简称"PD"。到1963年下半年，日通综合研究所在1964年6月的《输送展望》杂志中刊登了日通综合研究所时任所长金谷漳的《物的流通的新动向》演讲稿，正式运用"物的流通"概念来取代原来直接从英语中引用过来的"PD"。在物流概念导入日本的过程中，物流被认为是一种综合行为，即商品从生产到消费的流通过程。因此，"物的流通"一词包含了运输、配送、装卸、保管、在库管理、包装、流通加工和信息传送等各种活动。

日本日通综合研究所1981年在《物流手册》上对"物流"所下的定义十分简明，认为物流就是物质资料从供给者向需要者的物理性移动，是创造时间性、场所性价值的经济活动。从物流的范畴来看，它包括包装、装卸、保管、库存管理、流通加工、运输、配送等活动。

（三）我国的物流概念

2001年，由中国物资流通协会（现名为中国物流与采购联合会）组织中国物资流通技术开发协会、北京工商大学、北京物资学院、北方交通大学（现名北京交通大学）、华中科技大学等单位的专家学者编写的《中华人民共和国国家标准：物流术语》（简称《物流术语》）对物流下的定义为：物流是指物品从供应地向接收地的实体流动中，根据实际需要，将运输、储存、装卸、搬运、包装、流通加工、配送、信息处理等功能有机结合来实现用户要求的过程。

本书采用2021年修订的《物流术语》(GB/T 18354-2021)中对物流概念的

表述：物品从供应地到接收地的实体流动过程，根据实际需要，将运输、储存、装卸、搬运、包装、流通加工、配送、信息处理等基本功能实施有机结合。

从上面的这些定义来看，物流的实质是通过产品与服务及其相关信息在供给点与消费点之间的加工、运输与交换，以低成本提供用户满意的服务，从而实现价值。它主要涵盖以下方面的内容：

第一，物流的对象既包括有形的"物"，即传统上认知的一般性物品，如农副产品、原材料、在制品、零部件、产成品、邮件、包裹、废弃物等，也包括无形的信息和服务等传统上不能被认知的特殊性物品，如电力、信用卡、物流服务和废弃物清理服务等。

第二，物流过程是一个由许多物流作业环节组成的复杂系统。它包括运输、储存、包装、装卸、流通加工、信息处理等环节。其中，运输环节包括组配、装车、驾驶、卸货等具体作业，每一项作业还可以划分为若干具体的动作。要使物流过程的结果符合要求，必须对物流过程进行系统化的设计与管理。

第三，物流功能并不是物流各组成要素功能的简单叠加。物流作为一个系统，不能等同于这个系统中的某个部分。物流除了包含储存、运输等纵向的具体活动外，更强调各环节活动之间的横向协调、配合与集成。

第四，物流活动大多采用商品贸易、服务贸易和物流服务等方式，通过许多人员、地点、行为和信息的组合搭配及协调才能完成。这个过程涉及顾客服务、运输、仓储、信息处理等多项作业，还涉及公司的策略选择与企业具体作业的联系，但最终的目标都是利用供应链中的资源，使物流活动在成本和收益的约束条件下使顾客满意。

二、物流的特征

现代物流是指具有现代特征的物流，它是与现代化社会大生产紧密联系的，体现了现代企业经营和社会经济发展的需要。现代物流管理和运作广泛采用了代表当今生产力发展水平的管理技术、工程技术及信息技术等；随着时代的进步，物流管理和物流活动的现代化程度也会不断提高。现代化是一个不断朝先进水平靠近的过程，从这个意义上讲，"现代物流"在不同的时期也会有不同的内涵。现代物流的特征可以概括为以下几方面：

1. 物流系统化

物流不是运输、保管等活动的简单叠加，而是通过彼此的内在联系，在共同目的下形成的一个系统，构成系统的功能要素之间存在着相互作用的关系。在考虑物流最优化时，必须从系统的角度出发，通过物流功能的最佳组合实现物流整体的最优化目标。局部的最优化并不代表物流系统整体的最优化，树立系统化观念是搞好物流管理、开展现代物流活动的重要基础。

2. 物流管理专业化

物流管理专业化包括两方面的内容。一方面，在企业中，物流管理作为企业的一个专业部门独立存在并承担专门的职能。随着企业的发展和企业内部物流需求的增加，企业内部的物流部门可能从企业中脱离出去而成为社会化的、专业化的物流企业。另一方面，在社会经济领域中，出现了专业化的物流企业，提供各种不同的物流服务，并进一步演变成服务专业化的物流企业。

3. 物流快速反应化

在现代物流信息系统、作业系统和物流网络的支持下，物流适应需求的反应速度加快,物流前置时间缩短,及时配送、快速补充订货及迅速调整库存结构的能力变强。

4. 物流智能化

随着科学技术的发展与应用,物流管理经历了从手工作业到半自动化、自动化,直至智能化的发展过程。从这个意义上说,智能化是自动化的继续和提升。因此,可以说自动化过程中包含了更多的机械化成分,而智能化中包含了更多的电子化成分,如集成电路、计算机硬件或软件等。智能化能在更大范围和更高层次上实现物流管理的自动化,不仅能用于作业,而且能用于管理。与自动化相比,智能化能在更大程度上减少人的体力劳动和脑力劳动。

5. 物流标准化

在物流管理发展过程中,无论是企业物流管理还是社会物流管理都在不断制定和采用新的标准。从物流的社会角度来看,物流标准可分为企业物流标准、社会物流标准(物流行业标准、物流国家标准、物流国际标准);从物流技术角度来看,物流标准可分为物流产品标准(物流设施、设备标准)、物流技术标准(条码标准、电子数据交换标准)、物流管理标准(ISO9000、ISO14000等)。

三、物流的功能

物流过程包括运输、保管、装卸搬运、包装、流通加工、配送、物流信息等活动。这些物流活动在社会再生产过程中所处的中介地位以及促进生产的作用,随着生产社会化程度的发展,其地位将愈加显著和重要。

1. 运输

在社会分工和商品生产条件下,企业生产的产品作为商品销售给其他企业,但商品生产者与消费者在空间距离上常是相互分离的。运输的功能就在于完成商品在空间中的实体转移，克服商品生产者（或供给者）与消费者（或需求者）之间的空间距离，创造商品的空间效用。

2. 保管

产品的生产完成时间与其消费时间总有一段间隔，这一特点在季节性生产和季节性消费的产品上尤为显著。此外，为了保证再生产过程的顺利进行，也需要在供、产、销各个环节中保持一定的储备。保管的功能就是将商品的使用价值和价值保存起来，克服商品生产与消费在时间上的差距，创造商品的时间效用。

3. 装卸搬运

装卸搬运是随运输和保管而产生的必要物流活动，是对运输、保管、包装、流通加工等物流活动进行衔接的中间环节，包括装车（船）、卸车（船）、堆垛、入库、出库以及连接以上各项活动的短程搬运。对装卸搬运活动的管理，主要是对装卸搬运方式的选择，对装卸搬运机械的选择、合理配置与使用，以及装卸搬运的合理化，尽可能保证商品在装卸搬运过程中完整无损，避免造成损失。

4. 包装

为保证商品完好地送达消费者手中，大多数商品需要进行不同方式、不同程度的包装。因此，包装形式和包装方法的选择，包装单位的确定，包装形态、大小、材料、重量等的设计以及包装物的改制保管等，都是物流的功能。

5. 流通加工

流通加工是在物品从生产者向消费者流动的过程中，为了促进销售，满足用户需要，提高产品质量和实现物流效率化，对物品进行辅助性加工，使物品发生物理或化学变化。这种流通加工活动不仅存在于社会流通过程中，也存在于工厂内部的物流过程中,以使流通过程合理化。这是现代物流发展的一个重要趋势。

6. 配送

配送是物流进入最终阶段,以配货、送货形式最终完成社会物流,并最终实现资源配置的活动。配送活动过去一直被看作运输活动的一个组成部分或一种运输形式,所以未将其独立出来作为物流系统实现的功能,而是将其作为运输中的末端运输。但是,配送作为一种现代流通方式,特别是在现代物流中的作用非常突出,它集经营、服务、集中库存、分拣和装卸搬运于一体,已不是简单的送货运输,所以,在现代物流中已将其作为独立的功能来看待。

7. 物流信息

在物流过程中,伴随着物流的进行,大量反映物流过程的关于输入、输出物流的结构,流向与流量,库存动态,物流费用,市场情报等信息产生并不断传输和反馈,形成物流信息。同时,应用电子计算机对这些信息进行加工处理,获得实用的物流信息,将有利于及时了解和掌握物流动态,协调各物流环节,有效地组织物流活动。为了实现物流合理化,必须对物流进行整体系统管理,这对改进服务质量、促进生产和销售、降低库存和物流费用水平、提高社会效益和企业经济效益等,都具有重要的作用。

四、物流的分类

(一)按照物流所涉及的领域分类

1. 军事领域的物流

军事物流指用于满足军队平时与战时需要的物流活动。军事领域的物流概念是现代物流概念的来源。在军事上，物流是支持战争的一种后勤保障手段，是伴随战争和战场的转移而发生的军事物资运动。最初，这种活动本身完全不是经济活动，所以，它具有和一般经济活动的物流不同的特点。近年来，随着军事科学的发展，军事物流已被纳入军事经济系统。尤其是在和平时期，军事物流经济性的比重正在加重。因而，军事领域的物流又出现了新特点，使其外延不但涉及政治、军事，而且涉及分配、调度及各种购销活动。

2. 生产领域的物流

对于物流的研究并非始于流通领域，而是始于生产领域，是以生产企业为中心，形成对物流系统的认识。无论是在传统的贸易方式下，还是在电子商务模式下，生产都是商品流通之本，而生产的顺利进行需要各类物流活动支持。生产的全过程从原材料的采购开始，便要求有相应的供应物流活动，将所采购的材料组织到位，否则，生产就难以进行；在生产的各工艺流程之间，也需要原材料、半成品的物流过程，即所谓的生产物流，以实现生产的流动；部分余料、可重复利用的物资回收，就需要所谓的回收物流；废弃物处理则需要废弃物物流。可见，整个生产过程实际上就是系列化的物流活动。合理化、现代化的物流，通过降低费用来降低成本、优化库存结构、减少资金占压、缩短生产周期，保障了现代化生产的高效进行。

3. 流通领域的物流

物流领域与流通领域天然有不解之缘，流通领域的物流是典型的经济活动，这个经济活动的重要特点是购销活动、商业交易、管理与控制等活动与物流活动密不可分。在网络化时代，电子商务发展迅速，由此产生的企业对企业（B2B）、企业对消费者（B2C）的电子交易行为必然产生大量的商品实体的物理性的位移,使物流主体更趋向于流通领域。

4. 生活领域的物流

在生活消费领域也存在着物流活动,这种物流活动对于日常生活而言是不可少的,也使生活更为科学化,并创造出一个更为良好的生活环境,是保证现代化生活节奏必不可少的组成部分。生活领域的物流现在研究较少,但是随着企业对消费者(B2C)的电子商务的开展,物流进入个人生活领域将成为现代物流越来越重要的组成部分。

(二)按照物流系统性质分类

1. 社会物流(大物流)

社会物流是企业外部的物流活动的总称。社会物流是社会再生产总体的物流活动,是从社会再生产总体角度认识和研究的物流活动,是超越一家一户的以一个社会为范畴、以面向社会为目的的物流。这种社会性很强的物流往往是由专门的物流承担人承担的,范畴是社会经济大领域。

2. 行业物流

在一个行业内部发生的物流活动称为行业物流。按照这种分类方法,物流可划分为铁路物流、公路物流、航空物流、水运物流、邮政物流等。行业物流系统化的结果是使行业内的各个企业都得到相应的利益。

3. 企业物流

企业物流是指企业内部的物品实体流动。从企业角度研究与之有关的物流活动是具体的、微观的物流活动的典型领域。

(三)按物流业务活动的性质分类

按照生产过程的纵向顺序及伴随生产产生的产品,企业物流包含供应物流、生产物流、销售物流、回收物流、废弃物物流等。

1. 供应物流

供应物流是指为生产企业提供原材料、零部件或其他物品时，物品在提供者与需求者之间的实体流动。这种物流活动对企业生产的正常、高效进行起重要作用。供应物流不仅要求能及时保证所供应物品的数量与质量，而且要求以最低成本、最少消耗、最大保证来组织供应物流活动。

2. 生产物流

生产物流是指在生产过程中，原材料、在制品、半成品、产成品等在企业内部的实体流动。这种物流活动伴随着整个生产工艺过程，实际上已构成生产工艺过程的一部分。企业生产物流的过程一般是：原材料、零部件、燃料从企业仓库或企业的"门口"开始，进入生产线的开始端，再随生产加工过程的每个环节流动；在流动的过程中，原料本身被加工，同时产生一些废料、余料；直到生产加工终结，再流至产成品仓库，便完成了企业生产物流过程。生产物流研究的核心问题是如何对生产过程的物料流和信息流进行科学的规划、管理与控制。

3. 销售物流

销售物流是指生产企业、流通企业在出售商品时，物品在供方与需方之间的实体流动。在当今的市场经济条件下，销售物流活动必须从满足买方的需求出发，实现最终的商品销售。

4. 回收物流

回收物流是指不合格物品的返修、退货以及周转使用的包装容器从需方返回供方所形成的物品实体流动。任何企业都会或多或少地存在不合格物品的返修和退货问题，在生产消费和生活消费过程中总会产生各种可再利用的包装物品，这些物品从需方返回供方是需要伴随物流活动的。

5. 废弃物物流

废弃物物流是指将经济活动中失去原有使用价值的物品，根据实际需要进行收集、分类、加工、包装、搬运、储存等，并分送到专门处理场所时所形成的物品实体流动。在生产消费和生活消费过程中都会产生一定数量的废弃物，在对这部分废弃物处理的过程中所产生的物流活动，形成了废弃物物流。无论是在生产过程中还是在生活过程中产生的废弃物，如果处理不当，往往都会影响整个生产环境和生活环境，甚至影响产品质量，也会因占用空间而造成浪费并污染环境。

（四）按物流研究范围的大小分类

1. 宏观物流

宏观物流是指社会再生产总体的物流活动，是从社会再生产总体角度认识和研究物流活动。宏观物流还可以从空间范畴来理解，在大空间范畴内的物流活动往往带有宏观性，在小空间范畴内的物流活动则往往带有微观性。宏观物流的主要特点是综观性和全局性。宏观物流研究的主要内容是物流总体构成、物流与社会的关系、物流在社会中的地位、物流与经济发展的关系、社会物流系统和国际物流系统的建立和运作等。

2. 中观物流

中观物流是指社会再生产过程中的区域性物流，它是从区域上的经济社会来认识和研究物流的。从空间位置来看，一般是较大的空间。例如，一个国家的经济区的物流，称为特定经济区物流；一个国家的城市经济社会的物流，称为城市物流。

3. 微观物流

微观物流带有局部性。企业所从事的实际的、具体的物流活动就属于微观物流，在整个物流活动中的一个局部、一个环节的具体物流活动也属于微观物流，在一个较小地域空间发生的具体的物流活动还是属于微观物流。微观物流的主要特点是具体性和局部性。

（五）按照物流活动的地域范围分类

1. 国际物流

国际物流指不同国家（地区）之间的物流。国际物流是现代物流系统发展很快、规模很大的一个物流领域，是伴随和支撑国际经济交往、贸易活动和其他国际交流所发生的物流活动。随着经济全球化进程的加快，国际物流的重要性将更为突出。

2. 区域物流

区域物流指在一定区域内的物流活动。相对于国际物流而言，一个国家范围内的物流、一个城市的物流、一个经济区域的物流都处于同一法律、规章、制度之下，都受相同文化及社会因素影响，都处于基本相同的科技水平和装备水平之中。

按照地域范围划分的物流活动具有层次性，不同层次的物流活动也具有各自不同的特点。

（六）按物流的性质分类

1. 一般物流

一般物流是指适应社会经济需要的具有普遍性的物流活动及其系统。物流活动的一个重要特点，是涉及全社会、各领域、各企业。因此，物流系统的建立、物流活动的开展必须有普遍的适用性。

2. 特殊物流

特殊物流是指在专门范围、专门领域、特殊行业的物流活动。在遵循一般物流规律基础上，带有特殊制约因素、特殊应用领域、特殊管理方式、特殊劳动对象、特殊机械装备特点的物流，皆属于特殊物流。

五、物流管理的概念

物流管理是管理科学的新的重要分支。随着生产技术和管理技术的提高，企业之间的竞争日趋激烈，人们逐渐发现，企业在降低生产成本方面的竞争似乎已经走到了尽头，竞争的焦点开始从生产领域转向非生产领域，转向过去那些分散的、孤立的、被视为辅助环节而不被重视的领域，如运输、存储、包装、装卸、流通加工等物流活动。人们开始研究如何在这些领域降低物流成本，提高服务质量，创造"第三个利润源泉"。物流管理从此从企业传统的生产和销售活动中分离出来，成为独立的研究领域和学科范围。

物流管理是指在社会再生产过程中，根据物质资料实体流动的规律，应用管理的基本原理和科学方法，对物流活动进行计划、组织、指挥、协调、控制和监督，使各项物流活动实现最佳的协调与配合，以降低物流成本，提高物流效率和经济效益。

六、物流管理的内容

（一）物流功能的管理

1. 运输管理

运输管理包括选择运输方式及服务方式、确定车队规模、设定行车路线、车辆调度与组织等。

2. 仓储管理

仓储管理包括原材料、半成品的储存方式、储存统计、库存控制、养护等。

3. 配送管理

配送管理包括配送中心的选址及优化布局，配送机械的合理配置与调度，配送作业的制订与优化。

4. 包装管理

包装管理包括包装容器和包装材料的选择与设计，包装技术和方法的改进，包装系列化、标准化、现代化等。

5. 装卸搬运管理

装卸搬运管理主要是指设备规划与配置，装卸搬运作业。它包括装卸搬运系统的设计与组织等。

6. 流通加工管理

流通加工管理包括加工场所的选定，加工机械的配置研究和改进，加工作业流程的制定与优化。

7. 物流信息管理

物流信息管理是指对反映物流活动、物流要求、物流作用和物流特点的信息进行搜集、加工、处理、存储和传输等。

8.顾客服务管理

顾客服务管理是指对与物流活动相关服务的组织和监督。例如，调查分析顾客对物流活动的反映，决定顾客所需要的服务水平和服务项目等。

（二）对物流系统中资源要素的管理

1.对人的管理

人是物流系统和物流活动中最活跃的因素。对人的管理包括对物流从业人员的选拔和录用，对物流专业人才的培训与提高，对物流教育和物流人才培养规划与措施的制定等。

2.对财的管理

财是指物流企业的资金。对财的管理主要包括物流成本的核算与控制，物流经济指标体系的建立，所需资金的筹措、使用，提高经济效益的方法等。

3.对物的管理

物是物流活动的客体，即物质资料实体。对物的管理贯穿物流活动的始终，涉及物流活动各环节，即物品的包装、装卸搬运、储存、运输、流通加工、配送等。

4.对设备的管理

对设备的管理包括对各种物流设备的选型与优化配置，对各种设备的合理使用和更新改造，对各种设备的研制、开发与引进等。

（三）对物流层次的管理

1. 物流战略管理

物流战略管理就是站在企业长远发展的立场上，对企业物流的发展目标、物流在企业经营中的战略定位、物流服务水平及物流服务内容等问题做出整体规划。

2. 物流系统的设计与运营管理

企业物流战略确定以后，为了实施战略必须有得力的实施手段，即物流运作系统。作为物流战略制定后的下一个实施阶段，物流管理的任务是设计物流系统和物流网络，规划物流设施，确定物流运作方式和程序等，形成一定的物流能力，并对系统运营进行监控，及时根据需要调整系统。

3. 物流作业管理

物流作业管理包括在物流系统框架内，根据业务需求，制订物流作业计划，按照计划要求对物流作业活动进行现场监督和指导，对物流作业的质量进行监控。除此之外，还有对物流活动中具体职能的管理，包括对物流计划、质量、技术、成本等职能的管理。

七、物流管理的目标

（一）物流管理的总体目标

物流管理的总体目标可以概括为"5Rights"：以最小的成本，在正确的时间（Right Time）、正确的地点（Right Location）、正确的条件（Right Condition）下，将正确的商品（Right Goods）送到正确的顾客（Right Customer）手中，即在平衡服务要求和成本要求的基础上实现既定的服务水平。

物流管理的核心在于创造价值，良好的物流管理要求工作中的每一项活动均能实现增值，在为顾客创造价值的同时，也为企业自身及其伙伴创造价值。物流管理所创造的价值体现在商品的时间和地点效用，以及保证顾客在需要的时候能方便地获取商品上。物流活动各环节的管理分别有各自的要求，而这些环节又分别属于不同的管理领域，往往互不协调，影响经济效果。比如，从包装的角度看，经济效果较好的是单薄包装，但在装卸搬运和运输过程中易出现损坏，从而降低了装卸、运输环节的经济效果。因此要选择对包装、装卸搬运和运输都比较合理的包装方案。现代物流管理的基本任务就是针对以上几项原本独立的、分属不同部门管理的活动，根据它们之间客观存在的有机联系，进行综合、系统的管理，以取得全面的经济效益。

（二）物流管理的功能目标

物流管理在本质上要实现的功能目标有：快速响应、最小变异、最低库存、整合资源、质量保证等。

1. 快速响应

快速响应，关系一个厂商及时满足客户的服务需求的能力。信息技术提高了在最快的时间内完成物流作业和尽快交付所需存货的能力，这样就可减少传统上按预期的客户需求过度储备存货的情况。快速响应能力把作业的重点从根据预测和对存货储备的预期，转移到以从装运到装运的方式对客户需求做出反应上来。

2. 最小变异

变异，是指破坏系统表现的任何意想不到的事件，它可以产生于任何一个领域的物流作业，如客户收到订货的期望时间被延迟、制造中发生意想不到的损坏、货物到达客户所在地发现受损，或者把货物交付到不正确的地点，所有这一切都将使物流作业遭到破坏，必须予以解决。物流系统的所有作业领域都容易遭受潜在的变异，减少变异的可能性关系内部作业和外部作业。传统的解决变异的办法是建立安全储备存货或使用高成本的溢价运输。当前，考虑到这类实践的费用和相关风险，它已被信息技术取代，以实现积极的物流控制。在某种程度上，变异已减少至最低限度，经济上的作业结果是提高了物流生产率。因此，整个物流表现的基本目标是要使变异减少到最低限度。

3. 最低库存

最低库存的目标涉及资产负担和相关的周转速度。在企业物流系统设计中，由于存货所占用的资金是企业物流作业的最大经济负担，在保证供应的前提下提高周转率，意味着存货占用的资金得到了有效的利用。因此，保持最低库存的目标是要把存货配置减少到与客户服务目标一致的最低水平，以实现最低的物流总成本。零库存是企业物流管理的理想目标，但是伴随着零库存目标的接近与实现，物流作业的其他缺陷会显露出来。所以，企业物流系统设计必须将库存占用和库存周转速度作为重点来控制。

4. 整合资源

运输是最重要的物流成本之一。运输成本与产品的种类、装运的规模及距离直接相关。许多具有溢价服务特征的物流系统所依赖的高速度、小批量装运的运输，是典型的高成本运输。要减少运输成本，就需要实现整合运输。一般来说，整个装运规模越大，需要运输的距离越长，则每单位运输成本越低。这就需要有创新的规划，把小批量的装运聚集成集中的、具有较大批量的整合运输。这种规划必须得到适合整个供应链的工作安排的帮助。

5.质量保证

第五个物流目标是要寻求持续的质量改善。如果在物流过程中,一个产品出现了损坏或者服务承诺没有得到履行,那么,物流将失去价值价值。物流本身必须履行所需的质量标准。管理上所面临的实现零缺陷的物流表现的挑战被这样的事实强化了,即物流作业必须在 24 小时内的任何时间、且要跨越广阔的地域来履行。而质量上的挑战被这样的事实强化了,即绝大多数的物流工作是在监督者的视线外完成的。由于不正确装运或运输中的损坏导致重做客户订货所花的费用,远比第一次就正确地履行所花费的费用多。因此,物流是促使全面质量管理不断改善的重要因素。

第二节　供应链管理概述

一、供应链的概念

供应链最早来源于彼得·德鲁克提出的"经济链",而后经由迈克尔·波特发展成"价值链",最终演变为"供应链"。

美国供应链协会的定义为:供应链是指涵盖着从原材料的供应商经过开发、加工、生产、批发、零售等过程到达用户的有关最终产品或服务的形成和交付的每一项业务活动。

供应链概念经历了一个发展的过程。早期的观点认为,供应链是制造企业中的内部过程,它是指将采购的原材料和零部件,通过生产转换和销售等活动传递给用户的过程。传统的供应链概念局限于企业的内部操作,注重企业自身的资源利用。随着企业经营的进一步发展,供应链的概念范围扩大到了与其他企业的联系，注意到了供应链的外部环境。

一般而言，某一商品从生产地到达消费者手中，有如下厂商及相关人员依次参与：供货商、制造商、批发商、零售商、消费者。从商品的价值在业务连锁中逐渐增值的角度看，这一过程可称为价值链；从满足消费者需求的业务连锁角度看，可称为需求链；从与供货密切相关的企业连锁角度看，可称为供应链。

《物流术语》(GB/T 18354-2021) 对供应链的定义是：生产及流通过程中，涉及将产品或服务提供给最终用户活动的上游与下游组织所形成的网链结构。

二、供应链的构成要素

供应链涵盖从原材料供应开始，经过工厂的开发、加工、生产至批发、零售等过程，最后到达客户这期间有关最终产品或服务的形成和交付的每一项业务活动。一般来说，构成供应链的基本要素包括：

（1）供应商，指给生产厂家提供原材料或零部件的企业；

（2）制造商，即厂家，主要负责产品开发、生产和售后服务等；

（3）分销商，指为实现将产品送到经营地范围每一角落而设的产品流通代理；

（4）零售商，是将产品销售给消费者的企业；

（5）客户，即用户，是最终的消费者。

供应链的主要活动呈现为物流、资金流、信息流、商流四种表现形态。供应链是由供应商组成的网链结构，而供应商是产品或服务的提供商，如原材料供应商、产品供应商、物流供应商（如第三方、第四方等）、信息供应商（如网站、媒体等）、资金供应商（如银行、其他金融机构等）。供应商双方之间接受订货、签订合同等形成商流，它们各自的用户处在供应链的不同位置，供应商对于各自不同位置的用户来说提供的是产品或服务；对于终端需求（最终用户）来说，不同位置的供应商提供的是半成品或中间服务。

三、供应链的特征

供应链是一个网链结构，由顾客需求拉动，能高度一体化地提供产品和服务，每个节点代表一个经济实体及供需的两个方面。供应链的特征主要有以下几点：

1. 增值性

所有的生产运营系统都将一些资源进行转换和组合，增加适当的价值，然后把产品"分送"到在产品的各传送阶段可能考虑到也可能被忽视的顾客手中。

2. 整合性

供应链本身是一个整体合作、协调一致的系统，它有多个为了共同目标、协调运作、紧密配合的合作者。

3. 复杂性

因为供应链节点企业组成的跨度（层次）不同，不少供应链是跨国、跨地区和跨行业的组合，所以供应链结构模式相较于一般单个企业的结构模式更为复杂。

4. 虚拟性

供应链的虚拟性主要表现在供应链是一个协作组织。这种组织以协作的方式组合在一起，依靠信息网络的支撑和相对信任关系，为了共同的利益，强强联合、优势互补、协调运转。供应链犹如一个虚拟的强势企业群体，在不断地优化组合。

5. 动态性

现代供应链的出现是为了满足企业战略适应市场需求变化的需要。供应链中的企业都是在众多企业中筛选出来的合作伙伴，合作关系是非固定性的，需要随目标的转变而转变，随服务方式的变化而变化。无论是供应链结构，还是其中的节点企业，都需要动态地更新，这就使供应链具有明显的动态性。

6. 交叉性

交叉性是指供应链中的企业既可以是这个供应链的成员，也可以同时是那个供应链的成员。众多的供应链形成交叉结构，增加了协调管理的难度。

四、供应链的类型

根据不同的划分标准，可以将供应链分为不同类型。

1. 稳定的供应链和动态的供应链

根据供应链存在的稳定性，可以将供应链分为稳定的供应链和动态的供应链。基于相对稳定、单一的市场要求而组成的供应链，稳定性较强；而基于变化相对频繁、复杂的需求而组成的供应链，动态性较强。在实际管理运作中，需要根据不断变化的需求，相应地改变供应链的组成。

2. 平衡的供应链和倾斜的供应链

根据供应链容量与用户需求的关系，可以将供应链分为平衡的供应链和倾斜的供应链。一个供应链具有一定的、相对稳定的设备容量和生产能力（是所有节点企业能力的综合，包括供应商、制造商、运输商、分销商、零售商等），但用户需求处于不断变化的过程中。当供应链的容量能满足用户需求时，供应链处于平衡状态；而当市场变化加剧，造成供应链成本增加、库存增加、浪费增加等现象时,企业不是在最优状态下运作,供应链则处于倾斜状态。平衡的供应链可以实现各主要职能(包括采购、生产、分销、市场和财务)之间的均衡:采购方面实现低采购成本,生产方面实现规模效益,分销方面实现低运输成本,市场方面实现产品多样化,财务方面实现资金快速运转。

3. 有效性供应链和反应性供应链

根据供应链的功能模式,可以把供应链分为有效性供应链和反应性供应链。有效性供应链主要体现供应链的物理功能,即以最低的成本将原材料转化成零部件、半成品、成品进行的采购、生产、存储和运输等;反应性供应链主要体现供应链的市场中介功能,即把产品分配到满足用户需求的市场,对未预知的需求做出快速反应等。

4. 内部供应链和外部供应链

根据活动范围,可以将供应链分为内部供应链和外部供应链。内部供应链是指由企业内部产品生产和流通过程中所涉及的采购部门、生产部门、仓储部门、销售部门等组成的供需网络;而外部供应链则是指由企业外部的,与企业相关的产品生产和流通过程中涉及的原材料供应商、生产厂商、储运商、零售商及最终消费者组成的供需网络。

五、供应链管理的概念

供应链管理的业务流程包括两个相向的流程组合:一是从最终用户到初始供应商的市场需求信息逆流而上的传导过程。二是从初始供应商向最终用户的顺流而下且不断增值的产品和服务的传递过程。供应链管理即是对这两个核心业务流程实施一体化运作,包括统筹的安排、协同的运行和统一的协调。对于供应链管理，不同国家的专家或机构给出了不同的描述。

全球供应链论坛将供应链管理定义为：供应链管理是从最终用户到最初供应商的所有为客户及其他投资人提供价值增值的产品、服务和信息的关键业务流程的一体化。

中国国家物流协会对供应链管理的定义是：以提高企业个体和供应链整体的长期绩效为目标，对特定企业内部跨职能部门边界的运作和在供应链成员中跨企业边界的运作进行战术控制即供应链管理。[①]

《物流术语》(GB/T 18354-2021)对供应链管理的定义是：对供应链涉及的全部活动进行计划、组织、协调与控制。

虽然目前对供应链管理的概念表述不一，但有一点却可以达成共识：供应链管理代表的不仅仅是某种管理方法，而是一整套管理理念。供应链管理能够帮助企业获得在全球市场上的成功。分享信息和共同计划可以使整体物流效率得到提高。

六、供应链管理的特点

1. 供应链管理是一种基于流程的集成化管理

传统的管理以职能部门为基础，往往因职能矛盾、利益目标冲突、信息分散等，各职能部门无法完全发挥其潜在效能，因而很难实现整体目标最优。供应链管理则是一种纵横的、一体化经营的管理模式，它以流程为基础，以价值链的优化为核心，强调供应链整体的集成与协调，通过信息共享、技术扩散、资源优化配置和有效的价值链激励机制等方法实现经营一体化，要求采用系统的、集成化的管理方法来统筹整个供应链的各个功能。

[①] 郑子林. 基于绿色供应链管理的物流管理创新[J]. 中国建材, 2013(11): 113-116.

2. 供应链管理是全过程的战略管理

供应链中各环节不是彼此分割的，而是环环相扣的一个有机整体，因而不能将供应链看成是由采购、制造、分销与销售等构成的一些分离的功能块。由于供应链上的供应、制造、分销等职能目标之间在利益分配中存在冲突，只有最高管理层才能充分认识到供应链管理的重要性与整体性，只有运用战略管理思想才能有效实现供应链的管理目标。

3. 供应链管理提出了全新的库存观

传统思想认为，库存是维系生产与销售的必要措施，其基于"保护"的原则来保护生产、流通或市场，能避免受到上游或下游在供需方面的影响，因而企业与其上下游企业在不同的市场环境下只是实现了库存的转移，整个社会库存总量并未减少。在买方市场的今天，供应链的实施可以加快产品流向市场的速度，尽量缩短从供应商到消费者的通道的长度。另外，供应链管理把供应商看作伙伴，而不是对手，从而使企业对市场需求的变化反应更快、更经济，总体库存大幅降低。从供应链角度来看，库存不一定是必需的，它只是起平衡作用的最后工具。

4. 供应链管理以最终客户为中心

不管供应链中的企业有多少类型，也无论供应链是长还是短，供应链都是由客户需求驱动的，企业创造的价值只有通过客户的满意和生产的利润来衡量。供应链管理以最终客户为中心，将客户服务、客户满意与客户成功作为管理的出发点，并贯穿供应链管理的全过程。

5. 供应链管理采取新的管理方法

例如，用总体综合方法代替接口的方法，用解除最薄弱链的方法寻求总体平衡，用简化供应链的方法防止信号堆积放大，用经济控制论方法实现控制。

七、供应链管理的内容与目标

（一）供应链管理的内容

1. 信息管理

随着知识经济时代的到来，信息取代劳动和资本，成为影响劳动生产率的主要因素。在供应链中，信息是供应链各方的沟通载体，供应链中各阶段的企业通过信息这条纽带集成起来。可靠、准确的信息是企业决策的有力支持和依据，能有效降低企业中的不确定性，提高供应链的反应速度。因此，供应链管理的主线是信息管理，信息管理的基础是构建信息平台，实现信息共享。供应链已结成一张覆盖全区域乃至全球的网络，从技术上实现与供应链其他成员的集成化和一体化。

2. 客户管理

在供应链管理中，客户管理是供应链管理的起点，供应链源于客户需求，也终于客户需求，因此供应链管理是以满足客户需求为核心运作的。然而客户需求千变万化，而且存在个性差异，企业对客户需求的预测往往不准确，一旦预测需求与实际需求差别较大，就很有可能造成企业库存的积压，引起经营成本的大幅度增加，甚至造成巨大的经济损失。因此，真实、准确的客户管理是企业供应链管理的重点。

3. 库存管理

一方面，为了避免缺货给销售带来的损失，企业不得不持有一定量的库存，以备不时之需。另一方面，库存占用了大量资金，既影响了企业的扩大再生产，又增加了成本，在库存出现积压时还会造成巨大的浪费。因此，一直以来，企业都在寻找确定适当库存量的方法，传统的方式是通过需求预测来解决，然而需求预测与实际情况往往并不一致，直接影响了库存决策的制定。如果能够实时掌握客户需求变化的信息，做到在客户需要时再组织生产，那就不需要持有库存，即以信息代替库存，实现库存的"虚拟化"。因此，供应链管理的一个重要任务是利用先进的信息技术，搜集供应链各方及市场需求方面的信息，用实时、准确的信息取代实物库存，减少需求预测的误差，从而降低库存的持有风险。

4. 关系管理

传统的供应链成员之间是纯粹的交易关系，各方遵循的都是"单向有利"的原则，所考虑的主要是眼前的既得利益，并不考虑其他成员的利益。这是因为每个企业都有自己相对独立的目标，这些目标与其在供应链中的上下游企业往往存在一些冲突。如，制造商要求供应商能够根据自己的生产要求灵活并且充分地保证它的物流需求；供应商则希望制造商能够以相对稳定的周期大批订购，即稳定的大量需求，这就在两者之间产生了目标冲突。这种目标的冲突无疑会大大增加交易成本。同时，社会分工的日益深化使企业之间的相互依赖关系不断加深，交易关系也日益频繁。因此，降低交易成本对于企业来讲非常必要。而现代供应链管理理论提供了提高竞争优势、降低交易成本的有效途径，这种途径就是通过协调供应链各成员之间的关系，加强与合作伙伴的联系，在协调的合作关系的基础上进行交易，为供应链的全局最优化而努力，从而有效地降低供应链整体的交易成本，使供应链各方的利益获得同步的增加。

5. 风险管理

供应链上企业之间的合作会因为信息不对称、信息扭曲、市场的不确定性，以及政治、经济、法律等方面因素的变化，导致风险的产生。为了使供应链上的企业都能从合作中获得满意的结果，必须采取一定的措施规避风险，如提高信息透明度和共享性、优化合同模式、建立监督控制机制等，尤其是必须在企业合作的各个阶段采用各种手段实施激励，以使供应链企业之间的合作更加有效。

（二）供应链管理的目标

供应链管理通过调和总成本最低化、客户服务最优化、总库存量最小化、总周期时间最短化及物流质量最优化等目标之间的冲突，实现供应链绩效最大化。供应链管理的目标可理解为：

（1）持续不断地提高企业在市场上的领先地位。

（2）不断对供应链中的资源及各种活动进行集成。

（3）根据市场需求，不断地满足顾客需求。

（4）根据市场的不断变化，缩短从产品的生产到达消费者手中的时间。

（5）根据物流在整个供应链中的重要性，消除各种不合理损耗，降低整个物流成本和物流费用，使物、货在供应链中的库存下降。

（6）提高整个供应链中所有活动的运作效率，降低供应链的总成本，并赋予经营者更大的能力来适应市场变化并及时做出反应。

八、物流管理与供应链管理的联系和区别

（一）物流管理与供应链管理的联系

供应链管理理论源于物流管理研究，经历了一个由传统物流管理到供应链管理的演化过程。事实上，供应链管理的概念与物流管理的概念密切相关，人们最初提出"供应链管理"一词，是用来强调在物流管理过程中，在减少企业内部库存的同时也应该考虑减少企业之间的库存。随着供应链管理思想越来越受到欢迎和重视，其视角早已拓宽，不仅着眼于降低库存，其管理触角已延伸到企业内外的各个环节、各个角落。从某些场合下人们对供应链管理的描述来看，供应链管理类似于穿越不同组织界限的、一体化的物流管理。

实质上，供应链管理战略的成功实施必然以成功的企业内部物流管理为基础。能够真正认识并率先提出供应链管理概念的，也是一些具有丰富物流管理经验和先进物流管理水平的世界级顶尖企业。这些企业在研究企业发展战略的过程中发现，面临日益激化的市场竞争，仅靠一个企业和一种产品的力量已不足以占有优势，企业必须与它的原料供应商、产品分销商、第三方物流服务者等结成持久、紧密的联盟，共同建设高效率、低成本的供应链，才可以从容面对市场竞争，并取得最终胜利。

（二）物流管理与供应链管理的区别

1. 范围不同

物流管理为供应链管理的一个子集，两者并非同义词。物流管理在恰当地实施下，总是以点到点为目的，而供应链管理将许多物流以外的功能与企业之间的界限整合起来，其功能超越了企业物流管理的范畴。如企业的新产品开发，

强大的产品开发能力可以成为企业有别于对手的竞争优势,乃至成为促使其长期发展的核心竞争能力,而产品开发过程涉及方方面面的业务关系,包括营销理念、研发组织形式、制造能力、物流能力、筹资能力等。这些业务关系不仅仅涉及一个企业内部,往往还涉及企业的众多供应商或经销商,以便缩短新产品进入市场的周期,这些都是供应链管理要整合的内容。显然,单从一个企业的物流管理的角度来考虑,很难想象它会将这么多的业务关系联系在一起。

2. 对一体化的理解不同

从学科发展角度来看,供应链管理也不能简单地理解为一体化的物流管理。一体化的物流管理分为内部一体化和外部一体化两个阶段。目前,即使是在物流管理发展较早的国家,许多企业也仅仅处于内部一体化的阶段,或者刚刚认识到结合企业外部力量的重要性。正是因为这样,一些学者才提出"供应链管理"这一概念,以使那些领导管理方法潮流的企业率先实施的外部一体化战略区别于传统企业内部的物流管理。正如供应链管理的定义所指出的那样,供应链管理所包含的内容比传统物流管理要广得多。在考察同样的问题时,从供应链管理来看,视角更宽泛,立场更高。

3. 研究者的范围不同

供应链管理的研究者范围比物流管理更广。除了物流管理领域的研究者外,还有许多制造与运作管理的研究者也研究和使用供应链管理。

4. 学科体系的基础不同

供应链管理思想的形成和发展,是建立在多个学科体系基础上的,其理论根基远远超越了传统物流管理的范围。正因如此,供应链管理还涉及许多管理的理论和内容。它的内涵比传统的物流管理更丰富,覆盖面更宽泛,而对企业内部单个物流环节的注意就不如传统物流管理那么集中、考虑那么细致了。

5. 优化的范围不同

供应链管理把对成本有影响和在产品满足顾客需求的过程中起作用的每一方都考虑在内，包括从供应商和制造工厂经过仓库和配送中心到零售商和顾客；而物流管理则只考虑自己路径范围内的业务。

首先，物流管理主要从一个企业的角度考虑供应、存储和分销，把其他企业当作一种接口处理，没有深层次理解其他企业内部的操作，企业之间是单纯的业务合作关系；而供应链管理的节点企业之间是一种战略合作伙伴关系，它要求对供应链所有节点企业的活动进行紧密的协作控制，它们形成了一个动态联盟，具有"双赢"关系。

其次，物流管理强调一个企业的局部性能优先，并且采用运筹学的方法分别独立研究相关的问题。通常，这些问题被独立地从它们的环境中分离出来，不考虑与其他企业功能的关系。而供应链管理将每个企业当作供应网络中的节点，在信息技术支持下，采用综合的方法研究相关问题，通过紧密的功能协调追求多个企业的全局性能优化。

最后，物流管理经常是面向操作层面的，而供应链管理更关心战略性的问题，侧重于全局模型、信息集成、组织结构和战略联盟等方面的问题。

第三节　新时代下的物流与供应链发展

一、物流和供应链在新时期的重要意义

近几年来，中央出台的一系列政策已经把物流和供应链提到了国家发展战略的高度。这反映出中央政府和社会各界对后勤工作的高度重视，在新形势下，物流供应链的创新发展关系到国民经济的运行效率和发展质量。

1. 培育新的经济动力

在新的时代背景下，供应链的基本理念是"包容、开放、共享"，它的实质是对供给体系进行创新，对供给质量进行优化，要想发展现代供应链，就要坚持需求驱动的原则，对供给体系进行完善，对有效供给进行创新，为大众创造出新的消费空间，进而创造出新的价值、新的财富和新的动能。

2. 改善经济增长质量

提高经济增长质量，必须从降低成本入手。从长远来看，由于劳动力与原材料成本的不断上升，物流成本的降低就成了经济发展质量提高的根本保证。

3. 推动供给侧结构性改革，促进经济增长。

供应链通过对资源进行整合，并对流程进行优化，推动产业跨界、协同发展，这对强化从生产到消费等各个环节之间的有效对接有很大帮助，从而降低企业的经营和交易成本，推动供需精准匹配和产业转型升级，使产品和服务的质量得到全面提升。

二、新科技对物流和供应链的冲击

中国物流新时代的到来，伴随着新技术的不断革新，也是一个每天都在变化的新时代。目前，中国乃至全球的物流产业都处于新技术、新业态、新模式的转型升级阶段，既要做大、做强、做精、做细，又要成为支撑经济发展的新动能。

1. 对新技术的概述

近几年来，通过信息技术实现设备和控制的智能化，取代了人力资源，形成了一种新型的物流和供应链管理模式，这对于提高物流和供应链管理的效率、降低成本和增强消费者体验起到了重要的作用，它的迅速发展离不开物联网、云计算、大数据和人工智能等新兴技术。

（1）物联网是一种以互联网、传统电信网等信息载体为基础，使所有可独立寻址的共同物理对象实现互联的网络。从世界范围来看，物联网正处在一个高速发展的时期，在某些领域已经取得了显著的进步，从技术开发到产业应用都显示出了巨大的前景。

（2）"云"能提高可用性，降低交互式服务的时延，充分利用分散的存储空间。云计算是一个动态变化的服务系统，它可以按照特定的需求来部署和分配服务资源，并且可以对资源的使用情况进行实时监测。在信息爆炸时代，企业积累了海量的消费数据和物流数据，利用高性能、大容量的云存储系统，可以有效地管理信息资源，提升企业物流系统的思维、感知、学习、分析决策和智能执行能力。

（3）大数据已成为众多企业重点开发的新技术，不少企业已经成立了大数据分析部门，开展大数据的分析研究与应用工作，今后各企业还会进一步加强对大数据的采集、分析与应用。大数据在物流领域具有广泛的应用前景，如需求预测、物流全过程可视化、车辆智能调度等。

（4）人工智能技术目前还处于研究和开发阶段，除了图像识别，其他的人工智能技术在物流和供应链应用中还没有达到大规模应用的程度。

2.物流和供应链中技术进步的作用

无人驾驶飞机、机器人和自动控制、大数据等技术已经比较成熟，能够实现商业应用；可穿戴设备、3D打印、无人驾驶汽车、人工智能等技术将会在未来十年内逐渐成熟，并在仓储、运输、配送等各个环节中得到广泛的应用。

进入21世纪，电子商务得到了迅猛的发展，企业之间的竞争已演变为供应链之间的竞争。如果企业想要赢得客户，抢占商机，就必须能够将供应链网络中的每一个环节都进行更好的整合，优化运作流程，提高效率。以京东公司为例，在供应链前端，京东公司利用大数据，设计并使用不同的模型进行需求预测、价格预算，并通过整体库存分析，实现对库存的自动补充和分配。在与供应商合作方面，京东采用协同规划、预测和补货，实现供应链协同采购和供应商协同管理，并与供应商形成密切合作关系。在这个科技日新月异的时代，京东以科技为依托，持续创新，打造智能供应链系统。在大数据的驱动下，京东在对行业、合作伙伴和自己的数据进行分析的基础上，对消费趋势进行预测，从而确定所需采购的品种和数量，从而实现对产品的智能化选择。分析存货周转率和处理，以最大利润为考量，实现明智的定价。电子商务企业通过不断创新来提高自己和所处供应链的整体竞争力，从而提高整个供应链网络的价值。

三、物流业在新形势下的改革路径

1. 物流业的转型机会

当前，随着国民经济的快速发展和国家宏观战略的相继出台，我国物流产业将面临重大机遇，其中包括了物流需求规模的快速增长、需求结构的转型升级、城市群战略对物流行业的高标准高要求以及经济发展全球化等，这些都将促使我国物流业更好更快地发展。

（1）物流业的规模越来越大。在未来的十年、二十年内，中国将成为全球经济增长最快的国家，也将是物流市场规模最大的国家。在未来的十到二十年间，我国的工业体系还会进一步完善，对能源、原材料等大宗商品的大规模运输和物流需求还会很大。同时，中国的产业结构也将由"2，3，1"向"3，2，1"转变，服务业与工业成为共同推动经济增长的动力。随着产业结构的改变，产业结构的逐步升级，生产方式的改变，这将给"短、小、轻、薄"商品以及小批量、多频次、灵活多变的物流需求带来快速增长。到2030年，中国与世界主要经济体、新兴经济体和发展中国家的贸易量将进一步增加，中国国际物流的规模将进一步扩大。随着中国由中等收入国家向高收入国家迈进，中产阶层不断扩大，居民的消费水平、消费心理、消费方式、消费结构等都在发生着变化，对物流行业提出了更高的要求。

（2）城市化发展速度加快。中国正在经历一场大规模的城镇化进程，使得物流活动向城市群、城市带、大中小城市以及城际之间集中，面对日益增长的能源短缺、环境污染、交通拥堵、道路安全等问题，迫切需要提高城市内部和城际之间的物流效率，符合"以人为本，城乡统筹，大中小城市协调发展"

的新型城镇化的要求，构建功能强大，效率高，集约化的城市物流配送体系。区域经济的协调发展和一体化的要求，将会加速区域物流的整合，从而建立一个有利于东西部协调发展的物流服务体系。中西部地区经济增长的新格局要求加快物流产业的发展，改变长期以来一直被物流产业限制的局面。除了在沿海发达地区、一二线城市市场持续稳定增长，网络零售市场还将呈现出由沿海地区逐步向内陆地区渗透，由一二线城市向三四线城市及县域渗透的趋势。随着网络零售市场渠道下沉，电子商务在三四线城市、县镇、农村快速增长，对于农村与三四线城市、县乡镇的电子商务物流的发展需求也将越来越大。

（3）全球一体化进程不断加快。全球化加速了中国与世界经济的联系与互动，这给中国与世界其他国家的交通、物流、通讯、信息等基础设施建设提出了更高的要求。中国除了与发达国家的贸易往来，与新兴经济体和发展中国家的贸易增长，将是一个新亮点，贸易格局的改变将导致国际物流活动的消长。从中长期来看，中国对外贸易将保持稳定增长，这无疑会推动中国国际物流，特别是跨境电商物流的发展。

2. 我国物流业转型的挑战

随着城市化进程的持续推进和人口老龄化问题的日益突出，我国物流业的转型主要面临着如下问题：人口红利的消退导致劳动力成本不断上升；公路运输作为主要运输工具的运输效率亟待提高；仓库作为主要物流设施，面临着高租金和高空置率的困境。

（1）人口红利逐步消退。人口红利正在消退，要想突破，就必须加快转型。中国劳动人口比重不断下降，人口老龄化加剧，劳动成本持续上升。根据国际劳工组织的数据，中国工人平均真实工资指数是20国集团中增长最多的，达到了2倍多。中国的经济之所以能够快速增长，很大程度上是因为"人海战术"，但随着人口红利的消退，经济增长方式也发生了变化，依靠生产要素的投入已经不可能再持续下去了，因此，最好的办法，就是加快技术进步，提高生产力，提高劳动力质量。

（2）道路运输制度不健全。公路货运"小、散、乱、差"，运输效率亟待提高。我国公路物流系统承担着整个运输系统75%以上的货运量，为物流业的繁荣提供了有力的支持，但是其存在的问题也很明显。与美国"大车队"模式不同，中国公路货运以个体户为主，行业高度分散，信息不对称，主要依赖于传统的线下物流园区"坐等送货"，信息化水平相对较低。除此之外，货物、车型、价格、作业流程等还没有形成标准化，同时还缺少诚信体系来保障驾驶员、货主的利益，从而降低了运营效率，也增加了管理的难度和成本。

（3）物流业的供需矛盾十分突出。高租金与高空置率并存，导致物流设施的供需矛盾日益突出。近几年来，我国的仓储容量和实际需求之间存在着很大的差距，高标准的仓储设施还比较缺乏。近几年来，由于供给不足，我国仓库租金上涨速度加快，同时一些地区仓库空置率高企，如兰州，昆明，重庆，都在25%以上，供大于求；像北京、上海、深圳这样的一线城市，由于供应和需求都很好，仓库的空置率都低于10%，而苏州和合肥的仓库供应比较紧张，空置率最低，不到5%。[1] 仓储设施方面主要面临着物流土地供应不足的问题，因为物流用地的投资大、回报慢、收益相对较低，这就使用地很难规划、很难审批，开发和运营成本很高，单纯经营物流业务很难满足要求，物流企业的用地难、用地贵等问题也比较突出。

---

[1] 施先亮. 智慧物流与现代供应链[M]. 北京：机械工业出版社，2020.

3. 物流业转型的战略定位

（1）降低成本，减轻负担，建立高效率的物流服务体系。加大公共产品和服务投入力度，将公路养护费用纳入财政预算，降低公路收费标准，降低公路过桥收费比例。推行精益物流等现代管理技术，降低工商企业存货水平，减少生产和流通环节的库存浪费。

（2）全链式、整合式发展，促进物流网络的互联。推动多种运输方式的协调发展，打破链条中各环节的瓶颈，对运输组织结构进行调整，提高铁路运输、内河航运等多种运输方式中的货运比重，强化不同运输方式间的衔接，支持在物流节点城市建设多式联运枢纽。

（3）支持智慧物流创业创新的新技术和新模式。促进物流和互联网的融合，鼓励构建创新创业的互联网平台。要促进智慧仓储、智慧运输、智慧配送等智慧物流的发展，鼓励物流企业运用物联网、云计算、大数据、移动互联网等先进技术，研究推广物流云服务。

四、供应链在新形势下的走向

随着工业互联网、智能制造等技术的不断进步，生产端的信息化、数据化、云化程度不断加深，生产端的流通信息与前端的生产信息迅速融合，使得供应链由端向端的发展趋势日益明显。

1. 合作

供应链协作是指供应链上各节点企业之间的合作行为，主要包括：树立"共赢"的理念，共同努力实现共同的目标，建立公平、公正的利益分享和风险共担机制。供应链协作包括三个层面：①组织层面上的协作，从"合作—博弈"转变为"合作—整合"。②业务过程级的协作，即在供应链级，即突破企业边界,以满足最终顾客需求为核心,对流程进行整合和重组。③信息层面的协作:利用互联网技术,实现供应链合作伙伴之间的信息系统整合,实现业务数据、市场数据的实时共享与交换,使合作伙伴之间能够更好更快速地对终端客户的需求做出反应。

2. 精益化

供应链精益就是要消除所有的浪费,包括存货,用最少的资源创造最大的价值。精益供应链提供了一种新的思维方式,具体包括:以顾客需求为中心,要站在顾客的角度,而不是仅仅站在企业的角度或一个功能系统的角度,来确定是否能创造价值;要分析价值链中的产品设计、制造和订货等的每一个环节,找出不能提供增值的浪费所在;及时创造仅由客户驱动的价值,发现有造成浪费的环节,及时消除,不断改进,力求完美。

3. 敏捷性

供应链敏捷是指以提高服务水平为首要任务,强调"灵敏性""反应性",也就是"因需而变",要求供应链能够快速响应市场变化、响应客户需求,为客户提供高质量的服务。敏捷供应链的本质是在信息技术、计算机技术和先进管理模式等综合技术的支持下,对多个企业进行集成,它是将各种管理思想和先进技术结合在一起,形成的一种全新的供应链管理模式。

4. 绿色供应链

绿色供应链是一种以市场为基础的创新型环境管理方式,它以上下游企业之间的供应关系为基础,将核心企业作为支点,通过绿色供应商管理、绿色采购等工作,不断向上下游企业传递绿色要求,引导相关企业参与到绿色发展中来,从而带动全产业链的绿色化水平不断提升。绿色供应链以产品的全生命周期为着眼点，一般情况下都会对产品设计、生产、销售、使用、回收、处理和再利用等各个环节对生态环境的影响进行综合考虑，尤其是对已过使用寿命的产品进行再利用，通常情况下都会采用拆解和再生的方式，促进已过使用寿命的产品的循环使用。

5. 智能供应链

智能供应链指的是以互联网为基础，在供应链领域中，对大数据、物联网、云计算、人工智能等新一代信息技术与设备进行广泛应用提升对物流系统进行思维、感知、学习、分析决策和智能执行的能力，通过对物流系统进行精细、动态、科学的管理，提升整个物流系统和过程控制的智能化、自动化水平，部分或全部替代人力和人工决策，从而提高物流运作效率和服务水平，降低成本。

第四节　物流与供应链管理的发展趋势

21世纪，除了从经济发展和消费生活发展的角度推动物流创新的深化外，还必须站在环境共生的立场来不断推进物流管理的全方位发展。绿色物流是保障可持续发展的重要途径。再生资源物流和废弃物物流都属于绿色物流。

一、绿色物流

（一）绿色物流的含义

绿色物流是指以降低对环境的污染、减少资源消耗为目标，利用先进物流技术规划和实施运输、仓储、装卸搬运、流通加工、配送、包装等物流活动。绿色物流是近年来才提出的新课题，对这一问题进行探讨具有重要的理论意义和实践意义。

绿色物流是现代物流可持续发展的必然。物流业作为现代新兴产业，有赖于社会化大生产的专业分工和经济的高速发展。而物流要发展，一定要与绿色生产、绿色营销、绿色消费等绿色经济活动紧密衔接。人类的经济活动不能因物流而过分地消耗资源、破坏环境。此外，绿色物流还是企业最大限度降低经营成本的必由之路。一般认为，产品从投产到销出，制造加工时间仅占10%，而几乎90%的时间处于仓储、运输、装卸搬运、流通加工、信息处理等物流过程中。因此，物流专业化无疑为降低成本奠定了基础。但当前我国的物流基本上还是高投入、大物流的运作模式，而绿色物流强调的是低投入、大物流的方式。绿色物流不仅能满足一般物流所追求的降低成本需求，更重要的是它将带来物流的绿色化、节能高效、少污染，由此可以带来物流经营成本的大幅度下降。

（二）绿色物流的特征

1. 环境共生性

绿色物流注重从环境保护与可持续发展的角度出发，追求环境与经济发展共存。绿色物流改变了原来经济发展与物流之间的单向作用关系，抑制物流对环境造成的危害，形成促进经济和消费生活健康发展的现代物流系统。

2. 资源节约性

绿色物流不仅注重物流过程对环境的影响，而且强调节约资源。例如，在运输环节，不合理运输（如空车现象）带来了货运车辆、人力和石油等资源的极大浪费，同时会产生大量能耗和废气污染；在仓储环节，保管不当会造成货品损坏浪费，同时会对周边环境产生污染；在包装配送环节，易产生过分包装、废弃物难处理等问题。这些都是绿色物流要改变的。

3. 循环性

循环包括原材料、副产品再循环，包装再循环，废品回收，资源垃圾的收集和再资源化等。目前，企业物流大多只重视如何提升正向物流的运作效率，而忽视废旧物品、再生资源（如包装）的回收利用所形成的逆向物流。逆向物流是以实现回收和适当处理为目的，通过资源循环利用、能源转化，实现资源的循环利用的物流活动。

二、精益物流

（一）精益物流的内涵

精益物流是起源于日本丰田汽车公司的一种物流管理思想，其核心理念是追求消灭包括库存在内的一切浪费。它是从精益生产的管理理念中蜕变而来的，是精益思想在物流管理中的应用。作为准时化管理的发展，精益物流通过消除生产和供应过程中的非增值的浪费，减少备货时间，提高客户满意度。同时，精益物流又是物流活动的一种新方式，符合物流发展的一般规律。精益物流是指以客户需求为中心，从供应链整体的角度出发，对供应链物流过程中的每一个环节进行分析，找出不能提供增值的浪费环节，依据不间断、不绕流、不等待、不做无用功等原则，制订物流解决方案，以减少整个供应链前期和供应链中的各级库存，适时提供仅由供应链需求驱动的高效率、低成本的物流服务，并努力追求完美。其目标可以概括为：在为客户提供满意的物流服务的同时，把浪费降到最低限度。

（二）精益物流的特点

从对精益物流内容和目标的理解可以发现，精益物流具有以下明显特点。

1. 以客户需求为中心

在精益物流系统中，系统的生产是通过顾客需求拉动的，顾客需求是驱动生产的原动力，是价值流的出发点。价值的流动要靠下游顾客来拉动，而不是依靠上游的推动，当顾客没有发出需求指令时，上游的任何部分不提供服务，而当顾客需求指令发出后，则快速提供服务。

2. 准时与准确

在精益物流系统中，电子化的信息流保证了信息流动地迅速、准确无误，还可有效减少冗余信息传递、减少作业环节、消除操作延迟，这使物流服务准时、准确、快速，具备高质量的特性。物品在流通中能够顺畅、有节奏地流动是物流系统的目标，而准时是保证货品顺畅流动的关键。准时，即物品在流动中的交货、运输、中转、分拣、配送等各个环节按计划按时完成。物流服务的准时与快速同样重要，是保证物品在流动中的各个环节以最低成本完成的必要条件，也是满足客户要求的重要方面，还是保证物流系统整体优化方案得以实现的必要条件。

准确包括准确的信息传递、准确的库存、准确的客户需求预测、准确的送货数量等。准确是保证物流精益化的重要条件之一。

3. 快速

精益物流系统的快速包括两方面含义：第一是物流系统对客户需求的反应速度快，第二是货品在流通过程中的速度快。物流系统对客户个性需求的反应速度取决于系统的功能和流程。当客户提出需求时，系统要对客户的需求进行快速识别、分类,并制订与客户需求相适应的物流方案。客户历史信息的统计、积累能帮助制订快速的物流服务方案。物品在物流链中的快速包括:货物停留的节点最少、流通所经路径最短、仓储时间最合理并达到整体物流的快速。速度是影响产品和服务的成本与价值的重要因素,特别是在市场竞争日趋激烈的今天,速度也是竞争的强有力手段。快速的物流系统是物品在流通中增值的重要保证。

4. 降低成本

精益物流系统通过合理配置基本资源,以需定产,充分合理地运用优势和实力,能够降低成本、提高效率;通过电子化的信息流,进行快速反应、准时化生产,从而解决诸如设施设备空耗、人员冗余、操作延迟和资源浪费等问题,保证物流服务的低成本。

5. 系统集成

精益系统是由资源、信息流和能够使企业实现精益效益的决策规则组成的系统。精益物流系统则是由提供物流服务的基本资源、电子化信息和使物流系统实现精益效益的决策规则所组成的系统。建立精益物流系统的基本前提是具有能够提供物流服务的基本资源。在此基础上,需要对这些资源进行最佳配置与系统集成,即实现设施设备共享、信息共享、利益共享等,充分调动各企业的优势和实力,合理有效利用资源,消除浪费,最经济合理地提供满足客户需求的优质服务。

6. 信息化

高质量的物流服务有赖于信息的电子化。物流服务是一个复杂的系统工程,涉及大量繁杂的信息。电子化的信息能保证信息流动迅速、准确无误,以及物流服务的准时和高效；且电子化信息便于存储和统计，可以有效减少冗余信息，减少作业环节，降低人力浪费。

（三）精益物流的实施

企业如发展精益物流，应当先实现企业系统的精益化，在此基础上提供精益化的服务。

1. 企业系统的精益化

企业系统的精益化包括组织结构、系统资源、信息网络、业务系统、服务内容及对象的精益化、不断完善与创新。要实现企业系统的精益化，就要利用精细化思想改变制约企业变革的组织结构，实现扁平化管理。在组织结构简化的基础上进行资源的整合与重组，以便把自己的劣势变为优势，与其他大型物流企业进行竞争。通过精益化的信息网络系统建设带动精益物流的发展，对当前企业的业务流程进行重组与改造，删除不合理的因素，使之适应精益物流的要求。在进行精益物流服务时，只有选择适合本企业体系及设施的对象及商品，才能使企业产生核心竞争力。不断完善就是不断发现问题，寻找问题原因，提出改进措施，改变工作方法，使工作质量不断提高。建立一种鼓励创新的机制，形成一种鼓励创新的氛围，在不断完善的基础上有跨越式的发展。在物流的实现过程中，人的因素发挥着决定性的作用，任何先进的物流设施、物流系统都要由人来完成。并且物流形式的差别、客户个性化的趋势和对物流期望越来越高的要求，也必然需要物流各具体岗位的人员具有不断创新的精神。

2. 精益物流服务的提供

精益物流服务的提供要以客户需求为中心，提供准时化服务、快速服务、低成本高效率服务以及使产品增值的服务。

总之，精益物流作为一种全新的管理思想，能够对我国的物流企业产生深远的影响，它的出现将改变企业粗放式的管理观念，使企业尽快适应经济全球化的形势，保持企业的核心竞争力。

三、智慧物流

（一）智慧物流的含义

"物联网"这一概念早在1999年就已出现。2009年8月，物联网正式被列为国家五大新兴战略性产业之一，被写入政府工作报告。考虑到物流业是最早接触物联网的行业，也是最早应用物联网技术，实现物流作业智能化、网络化和自动化的行业，2009年，中国物流技术协会信息中心、华夏物联网、《物流技术与应用》编辑部率先在行业提出"智慧物流"概念。

目前，每年的快递包裹数量都在成倍上升，对物流系统的智慧决策提出了更高的要求，因此，智慧物流的发展也具备较大的市场发展空间。

智慧物流是指以互联网为依托，广泛运用物联网、传感网、大数据、人工智能和云计算等信息技术，通过精细、动态、科学的管理，实现物流的自动化、可视化、可控化、智能化、网络化，使物流系统能模仿人的智能，具有思维、感知、学习、推理判断和自行解决物流中某些问题的能力。

（二）智慧物流的发展阶段

总体来看，智慧物流经历了以下几个发展阶段：

1. 物流信息化

在物流信息化阶段，企业通过建立运输管理系统、仓储管理系统、配送管理系统和物流管理系统，对运输、仓储、配送等相关物流信息进行收集、加工、传输、存储和利用，使物流信息从分散到集中，从无序到有序，从产生、传播到利用，同时对涉及物流信息活动的各个要素，包括人员、技术、工具等进行管理，实现资源的合理配置。例如，企业通过自动识别技术（如物流条码技术实现货物信息的有效采集并与物流信息系统对接；通过自动化立体技术对库内的物资进行调动，实现库内作业的准确性和仓储管理的效率。在物流信息化阶段，主要是运用各种先进技术获取关于运输、仓储、包装、装卸搬运、流通加工、配送、信息服务等各个环节的大量信息，实现实时数据收集，使各方能准确掌握货物、车辆和仓库等信息，初步实现智慧感知。

2. 物流智能化

物流智能化的特征就是自动化，体现了自动执行，其执行的任务可能来自上一个机构或者自动控制的程序设定，还不具备"智慧"的功能。以电商物流为例，当收到消费者的网购订单后，订单需要在仓配中心进行分拣，仓配中心会给智能化分拣系统下达分拣命令，智能化分拣系统通过智能分析来执行命令、机械化决定分拣的次序和流程。在物流智能化阶段，物流的局部流程运转是自动化的，例如，物流机器人、物流无人机和自动化输送分拣连接物流的下单、收发、包装、运输、仓储、装卸搬运、分拣、配送等环节，提升了物流局部流程的运作效率。但是，物流智能化只体现在物流作业的局部流程，且本身缺乏大数据的处理能力和运算能力，其功能主要是自动执行命令。

3. 物流智慧化

所谓物流智慧化，就是使物流具备类似人的思考能力和决策思维。大数据时代，物流智慧化的"智慧"可以利用大数据、机器学习等技术预测需求，甚至是特定产品在特定区域的需求，协助商家及物流公司进行智能分仓，实现提前分仓备货，并能结合特定需求，如物流成本、响应时间、服务、碳排放和其他标准，评估基于概率的风险，进行预测分析，协同制定决策，提出合理有效的物流解决方案。智慧物流的特征有：大数据驱动、自动化以及供应链整合。所谓供应链整合，就是智慧物流需要具有连接生产和消费的功能，通过大数据需求预测来引导企业的物流以及生产制造和采购运营的一体化。

（三）智慧物流的作用

智慧物流的作用主要体现在以下几个方面：

1.加速物流产业的融合发展，推动物流行业"降本增效"

智慧物流通过互联网、大数据和人工智能等技术，让货与车、车与仓库、仓库与仓库、仓库与消费者的连接更加有序，优化配送社会物流资源，如货运车辆、仓库、人力等资源，发挥整体优势和规模优势，加速物流产业的融合发展，推动物流行业"降本增效"。

2.降低企业物流运营成本，提高企业经营利润

在智慧物流的推动下，企业可以选择将物流外包出去，实现比自身物流运作更高的效率。一方面，物流效率的提升带来消费的增长；另一方面，可有效降低物流运营成本，提高企业经营利润。

3.推动企业产、供、销等环节的融合，提升企业经营的智慧化

随着 RFID（Radio Frequency Identification，射频识别）、传感器及物联网的发展，物与物之间进一步互联互通，给企业的物流系统、生产系统、采购系统与销售系统的智能融合打下基础，能够实现智慧生产与智慧供应链的融合，企业物流完全智慧地融入企业经营中，打破工序、流程界限，推动企业产、供、

销等环节的融合,提升企业经营的智慧化。

4.提供商品源头查询和跟踪服务,促进消费

智慧物流通过提供货物源头自助查询和跟踪等多种服务,尤其是对食品类货物的源头查询,能够让消费者买得放心、吃得放心,增加消费者的购买信心,促进消费,最终对整体市场产生良性影响。

四、敏捷供应链

传统的刚性供应链无法在大规模定制环境下快速和低成本响应客户多样化与个性化的需求,面向大规模定制的供应链不仅应该是精良的,而且更应该是敏捷的。

(一)敏捷供应链的含义

敏捷供应链(Agile Supply Chain,ASC)可以认为是在竞争、合作、动态的市场环境中,由若干供方、需方等实体(自主、半自主或从属)构成的快速响应环境变化的动态供需网络。实体是指参与供应链的企业、企业内部业务相对独立的部门或个人。具有自主决策权的实体称为自主实体;具有部分决策权的实体称为半自主实体;没有自主决策权的实体称为从属实体。供方与需方可以是各类供应商、制造商、分销商和最终用户。"动态"反映为适应市场变化而进行的供需关系的重构过程。"敏捷"则强调供应链对市场变化及用户需求的快速响应能力。

(二)敏捷供应链的特征

供应链要想达到真正的敏捷,必须具有以下特征:

1. 市场灵敏性

敏捷供应链要具有市场灵敏性。市场灵敏性是指供应链具有了解和响应市场真实需求的能力。目前，大部分企业是预测驱动型而不是需求驱动型。由于不能直接获取市场上客户的需求信息，便只能根据以往的销售情况预测生产计划，最后的预测产品再存入库房，从而造成大量库存积压或缺货。而目前，信息技术的应用可以使企业直接获得销售点和客户的需求信息，从而提高了企业的市场响应能力，即已经具有使供应链达到敏捷性的条件。

2. 虚拟性

应用信息技术在需方和供方之间共享信息，使供应链实质上成为虚拟供应链。虚拟供应链是基于信息的，而不是基于库存的。以信息代替库存，可以大大降低库存水平。

3. 过程集成

供应链合作伙伴之间的信息共享只能通过过程集成来进行平衡。过程集成就是指需方与供方之间协同工作、联合进行产品开发、共用系统及共享信息。随着企业越来越注重自己的核心竞争力，而把其他活动业务外包给合作企业，在供应链合作伙伴之间进行合作变得越来越普遍。在这种新的环境下，合作伙伴的可靠性就变得很重要，因此需要一种新型的关系。通过运用过程集成，又产生了联合战略决策、需方—供方团队、信息透明甚至账目的公开等，这些都是实现供应链敏捷性的新型有效策略。

4. 基于网络

敏捷供应链使供应链合作伙伴形成一种网络联盟，提高了完成任务的敏捷性。现在的企业越来越意识到，作为单独的个体已不具有竞争力，应该加入供应链。现在已进入网络化竞争时期,只有与网络联盟中的合作伙伴协调运作,才能获得更多的利益;只有合理地综合运用网络伙伴的能力,才能增强响应市场需求的敏捷性。

(三) 敏捷供应链管理的含义

敏捷供应链管理是对敏捷供应链中的物流、信息流、资金流进行合理的计划、协调、调度与控制,实现在正确的时间、正确的地点将正确的产品或服务按照正确的数量交给正确的交易对象的目标。

(四) 敏捷供应链管理的原则

为了克服传统的刚性供应链的局限性,实现供应链的敏捷性,敏捷供应链管理要遵循以下五条基本原则。

1. 系统性原则

敏捷供应链作为一种新的管理思想与方法,对参与供应链中的相关实体之间的物流、信息流和资金流进行计划、协调、调度与控制,提高供应链中所有相关过程的运作效率和所有环节的确定性,在整体效益最大化的前提下,实现各实体或局部效益的最大化。因此,必须坚持系统性原则,将供应链看成一个有机联系的整体,运用系统工程的理论、技术与方法,管理与优化供应链中的物流、信息流、资金流,达成整体效率及效益提高、成本降低、资源配置合理的目标。

2. 信息共享性原则

在敏捷供应链管理中,对物流及资金流进行有效的管理与控制依赖于准确、及时的相关信息。只有基于准确、及时的信息,才能预见并降低供应链中各环节的不确定性，提高各环节的运作效率，发挥信息在物流、资金流中的缓冲作用，用信息的有效利用换取物料、资金等物理资源的低耗，提高供应链系统对客户及市场变化的敏捷性。信息的产生、传递、加工处理及利用散布于供应链的各个环节，必须对必要的信息进行适当范围内的交换与共享，才能使正确的信息在正确的时间被正确的对象所利用。坚持信息共享性原则是实现敏捷供应链管理目标的基础。

3. 敏捷性原则

敏捷供应链处于竞争、合作、动态的市场环境之中，不可预测性是当今市场的主要特征之一，快速响应市场的变化，既是敏捷供应链管理的目标，也是企业或企业联盟赢得市场竞争的目标。因此，必须坚持敏捷性原则，从供应链的结构、管理与运作方式、相关过程的运作、组织机制等方面提高供应链的敏捷性。

4. 利益协调性原则

企业或企业联盟的各种行为都是围绕企业或企业联盟价值最大化这一最终目标展开的。敏捷供应链管理的内在机制在于各成员利益的协调一致，如果没有共赢的利益协调机制，就会使参与实体的目标背离整个供应链目标。因此，必须坚持利益协调性原则，根据相关实体的产品特征、资源状况、信誉等级、核心竞争力等因素，在实体间建立适当的供需协作关系，明确各自的责任、义务与权利，使供应链中的相关实体在共赢的利益基础上，平等合作，取长补短，互惠互利。

5. 组织虚拟性原则

由于市场的变化和不可预测性，敏捷供应链的重要特征之一就是供需过程不断重构的动态性。为了对敏捷供应链实施有效的管理，客观上要求支撑敏捷供应链有效运作的企业组织机构具有灵活的动态性。另外，先进的制造技术、流通领域新型的经营管理模式及信息技术的发展赋予了企业组织机构虚拟化的趋势，因此，必须坚持组织虚拟性原则，根据市场的需要，及时对企业组织机构进行适应敏捷供应链管理需求的调整或重组。

（五）全球供应链

1. 全球供应链管理的兴起

供应链是在20世纪80年代经济全球化背景下，为克服传统企业管理模式弊端而形成的新的管理模式，体现了现代市场经济中企业之间既竞争又合作的复杂关系。供应链管理思想告诉人们，竞争优势的取得，不完全取决于单个企业是否拔尖、内部管理和资源配置是否最优，而取决于整体供应链的构建是否科学、配置是否得当，从而形成的整体力量是否强大。因此，市场竞争应加入供应链与供应链之间的竞争。供应链上的企业是彼此合作的关系。

随着供应链管理思想的提出，特别是经济全球化日益加深，利用通信和信息技术革命带来的便利条件，全球供应链的设计和实施越来越受到重视。这包括两个层面，一个是企业层面全球供应链的设计和实施，另一个是国家和产业层面全球供应链的规划和实施。

全球供应链是实现一系列分散在全球各地的相互关联的商业活动，包括采购原材料和零件、处理并得到最终产品，产品增值，对零售商和消费者的配送，在各个商业主体之间交换信息的统筹．其主要目的是降低成本、扩大收益。全球供应链是指在全球范围内构建供应链，它要求以全球化的视野，将供应链系统扩展至世界范围，根据企业的需要在世界各地选取最有竞争力的合作伙伴。

在全球供应链体系中，供应链的成员遍及全球，生产资料的获得、产品的生产组织、货物的流动与销售信息的获取都是在全球范围内进行和实现的。企业的形态和边界将发生根本性变化。随着全球经济一体化的发展，全球供应链之间的竞争将成为未来竞争的主流，全球供应链管理会影响竞争优势。

2. 全球供应链运营模式的特点

全球供应链运营模式有以下几个特点：

（1）跨国公司核心主导

发达国家的跨国公司凭借技术优势、品牌优势与规模优势，成为所在产业链的集成者和操控者。

（2）价值链条全球布局

在全球供应链运营模式中，产品设计、零部件采购、产品生产组装及销售等增值环节不再局限于某一个国家，而是涉及多个国家。

（3）业务流程协同合作

全球供应链运营模式讲求制造商和供应商、经销商、零售商的协同作业以及流程外包的动态优化。企业注重发展自身核心业务，同时将非核心业务外包给合作伙伴。

（4）信息系统快速反应

信息系统能够实现企业内部及供应链伙伴之间的信息共享，信息系统的快速反应能够使客户获得实时信息，减少企业库存占用的资金，带给供应链各成员最大的效益。

（5）物流体系有效管理

供应链运营商同时也是物流服务提供者，为客户提供完整的物流服务解决方案，让产品以较低的成本准时到达客户手中。

从国家和产业层面来看，全球供应链的规划和实施主要是通过双边和多边贸易、谈判与协商达成协议，包括建立国际经济组织等，尽可能消除各种贸易及非贸易壁垒。甚至一些国家可能利用国家力量对全球重要地区（港口）、重要运输线路等采用经济和非经济的手段进行布局和控制，以保证国家供应链的有效运转。

当然，全球供应链管理的兴起使越来越多的企业卷入全球经济体系，在获得更高经济效率和更多经济利益的同时，也可能使涉及企业和国家的经济风险增加，这是全球供应链管理中必须加以考虑且不能忽视的问题。

第二章　供应链中的物流运输管理

第一节　运输概述

一、运输的定义

《物流术语》（修订版）对运输（Transportation）所下的定义为："用专用运输设备将物品从一个地点向另一地点运送。其中包括集货、分配、搬运、中转、装入、卸下、分散等一系列操作。"[①]

运输虽然是一项非常普遍的经济活动，但并不是说国民经济与社会生活中所有人员与物品的空间位移都属于运输。运输的时间长、距离远，运输活动消耗的能源和动力较多。我国运输费用一般占社会物流总费用的50%以上，所以合理化运输以节约物流成本的潜力是巨大的。

二、运输的功能

运输是物流作业中最直观的要素之一。运输提供两大功能：产品转移和产品储存。

---

① GB/T18354-2006，物流术语（修订版）[S]．百度文库，2016。

1. 产品转移

运输的主要功能就是使产品按照客户的要求在价值链中移动，即通过改变产品的地点与位置，消除产品的生产与消费在空间位置上的背离，创造出产品的"空间效用"。同时，运输能以最少的时间完成产品从原产地到规定地点的转移，使产品在需要的时间内到达目的地，创造出产品的"时间效用"。不是所有的运输都是合理的，因为在运输过程中会利用很多时间资源、财务资源和环境资源，只有当它确实满足顾客有关交付履行和装运信息等方面的要求，提高了产品的价值时，该产品的移动才是有意义的。

2. 产品储存

产品储存功能在很多企业被忽视，主要是因为运输车辆临时储存成本较高。应用产品储存功能一般有三种情况：第一种是转移中的产品需要储存，且又将在短时间内重新转移，而卸货和装货的费用也许会超过将产品储存在运输工具中的费用，这时可将运输工具作为暂时的储存场所；第二种是仓库储存能力有限，将货物装在运输工具内临时储存起来，可以实现运输的"时间效用"；第三种是将运输中的货物作为移动库存，合理安排生产或销售，能降低企业总成本，但这对企业的预测能力要求较高。

三、运输的原则

运输是实现物品空间位移的手段，也是物流活动的核心环节。为加速商品流通，降低商品流通费用，提高货运质量，多快好省地完成商品运输任务，无论是物流企业还是企业物流，对运输组织管理都应贯彻以下基本原则。

1. 及时

及时就是按照货主规定的时间把商品运往目的地。缩短运输时间的主要手段是实现运输现代化。除选择现代化运输工具外，关键是做好商品在不同运输工具之间的衔接工作。如果衔接不好，就会发生有货而没有运输工具、有运输工具却没有货的现象，也容易由于短途运输和长途运输没有衔接好而产生运输工具等候商品的现象。这些都将延长商品运输时间，影响商品的及时发运。

2. 准确

准确就是要防止商品短缺、错放等意外事故，保证把商品准确无误地运抵目的地。商业部门经营的特点是品种繁多、规格不一。一件商品从企业交货到到达消费者手中，要经过不少环节，稍有疏忽就容易发生偏差。

3. 经济

以物流系统或供应链的总成本最低、综合效益最好为原则来选择运输方式、运输路线及运输工具，节约人力、物力、财力，降低物流费用，提高总体效益，关键问题在于如何权衡运输服务的速度和成本。由于运输费用在物流费用中占相当大的比重，节省运输费用的支出是降低运输总成本、减少物流费用的最主要方法。

4. 安全

安全就是在运输过程中要保证商品的完整和安全，不发生霉烂、残损、丢失、污染、渗漏、爆炸、燃烧等事故，保证人身、物品、设备安全。在市场经济活动中，商品都有使用价值，如果在运输中使商品失去了使用价值，那么商品就会成为无用之物。

第二节 运输方式及选择

一、公路运输

（一）公路运输的概念

公路运输是指使用汽车或者用其他车辆在公路上运送旅客和货物的运输方式。

公路运输是交通运输系统中的重要组成部分，主要承担短途客、货运输任务。现代公路运输所用运输工具主要是汽车。因此，公路运输一般是指汽车运输。特别是在地势崎岖、人烟稀少、铁路和水运不发达的边远和经济落后地区，公路运输作为主要的运输方式，起着运输干线的作用。

（二）公路运输的特点

1. 机动灵活，适应性强

公路运输网的密度比铁路、水路运输网的密度大，并且分布面广，一般不受高原山区、严寒酷暑等地理和气候条件变化的影响。同时，汽车的载重吨位有小有大，既可以单个车辆独立运输，也可以由若干车辆组成车队同时运输，满足不同批量的运输任务。汽车运输的商品类型较多，可以根据商品类型选择不同的车型及配套设备。同时，公路运输的车辆调度、装运等环节的衔接时间短，机动性强，可以作为其他运输方式的衔接手段。

2. 可以实现"门到门"直达运输

公路运输可以把货物从始发地门口直接运送到目的地门口，方便实现"门到门"的直达运输,避免了反复装卸搬运所造成的物品损耗。

3. 运送速度较快

在中、短途运输中,公路运输与其他运输方式相比,货物在途时间较短,运送速度较快,从而能够加速资金周转,保证货物质量,提高货物的周转效率,为制造企业和流通企业实现"零库存"提供保障。

4. 原始投资少,资金回收快

公路运输与铁路、水路、航空运输方式相比,固定设施简单,车辆购置费用较低,投资置业容易,投资回收期短。有关资料显示,在正常经营情况下,公路运输的投资每年可周转 1～3 次,而铁路运输则需要 3～4 年才能周转一次。

5. 掌握车辆驾驶技术较容易

相对于火车驾驶和飞机驾驶,汽车驾驶技术比较容易掌握,对驾驶员各方面素质的要求也比较低。

6. 单位运量较小,运输成本较高

汽车的单位运量要比火车、轮船少得多;同时,由于汽车的单位载重量小,行驶阻力比较大,所消耗的燃料又是价格较高的液体汽油或柴油,因此汽车的运输成本仅次于航空运输。

7. 运行的持续性较差

相关统计资料表明,受经济运距的影响,公路运输的平均运距是所有运输方式中最短的,运行持续性较差。

8. 能源消耗大,环境污染严重

机动车排放的污染物占空气污染物总数的一半以上,是城市环境的最大污染源。同时,汽车产生的噪声也严重威胁着人类的健康。

(三)公路运输的分类

1. 按货运营运方式分类

按货运营运方式，公路运输可分为整车运输、零担运输、集装箱运输、联合运输、包车运输。

整车运输是指一批托运的货物在3吨及以上，或虽不足3吨，但其性质、体积、形状需要一辆3吨及以上汽车运输的货物运输，如需要大型汽车或挂车（核定载货吨位4吨及以上）以及罐车、冷藏车、保温车等车辆运输的货物运输。

零担运输是指托运人托运的一批货物不足整车的货物运输。

集装箱运输是将适箱货物集中装入标准化集装箱，采用现代化手段进行的货物运输。在我国又把集装箱运输分为国内集装箱运输及国际集装箱运输。

联合运输，是指一批托运的货物需要两种或两种以上运输工具的运输。目前，我国联合运输有公铁（路）联运、公水（路）联运、公公联运、公铁水联运等。联合运输实行一次托运、一次收费、一票到底、全程负责。

包车运输是指根据托运人的要求，经双方协议，把车辆包给托运人安排使用，按时间或里程计算运费的运输。

2. 按货物种类分类

根据货物种类，公路运输可分为普通货物运输和特种货物运输。

普通货物运输是指对普通货物的运输，普通货物可分为一等、二等、三等几个等级。

特种货物运输是指对特种货物的运输，特种货物包括超限货物、危险货物、贵重货物和鲜活货物。

3.按运送速度分类

按运送速度，公路运输可分为一般货物运输、快件货物运输和特快专运。

一般货物运输即普通速度运输或称慢运。

快件货物运输要求货物位移的各个环节快，运输部门要在最短的时间内将货物安全、及时、完好无损地运送到目的地。

特快专运是指应托运人要求即托即运，在约定时间内送达。

（四）公路运输的设施设备

1.公路

根据我国现行的《公路工程技术标准》（JTG B01—2014），公路可分为高速公路、一级公路、二级公路、三级公路、四级公路五个技术等级，不同公路的交通量和出入口控制情况如表2-1所示。

表2-1 我国不同等级公路的交通量和出入口控制情况[1]

等级	高速公路	一级公路	二级公路	三级公路	四级公路
年平均日设计交通量	15000辆小客车以上	15000辆小客车以上	5000~15000辆小客车	2000~60000辆小客车	双车道：2000辆小客车以下；单车道：400辆小客车以下
出入口的控制	完全控制	部分控制	无控制	无控制	无控制

2.载货汽车

载货汽车也叫载重汽车，是专门用于运送货物的汽车，根据用途可分为普通载货汽车、专用载货汽车、牵引车和挂车。

普通载货汽车是指专门运送货物的通用车辆。根据载货重量的不同，普通载货汽车可分为微型载货汽车、轻型载货汽车、中型载货汽车、重型载货汽车四种。

---

[1] 张磊，张雪．物流与供应链管理 [M]．北京：北京理工大学出版社，2021．

专用载货汽车是指专门运送特定种类货物的车辆，如冷藏车、罐车等。

牵引车是一种有动力而无装载空间的车辆，是专门用来牵引挂车的运输工具；挂车是无动力而有装载空间的车辆，分为全挂车和半挂车两种。

3.公路站场

公路站场是办理公路货运业务、仓储保管、车辆保养修理以及为用户提供相关服务的场所，一般包括货运站、停车场（库）、保修厂（站）、加油站和食宿楼等设施。下面重点介绍货运站和停车场（库）。

货运站的主要功能包括货源的组织与承运，中转货物的保管，货物的交付、装卸，以及运输车辆的停放、保修等。

停车场（库）的主要功能是停放和保管车辆。现代化的大型停车场还具有车辆维修、加油等功能。停车场可以分为暖式车库、冷式车库、车棚和露天停车场等。停车场的平面布置要方便运输车辆的进出和进行各类维护作业，多层车库或地下车库还应设坡道或升降机，以方便车辆出入。

二、铁路运输

（一）铁路运输的概念

铁路运输是指利用铁路设施、设备运送货物的一种陆上运输方式。铁路运输是国家交通运输网中起骨干作用的交通大动脉，铁路货物运输在国际货运中的地位仅次于海洋运输，在全社会大宗货物运输和中长距离运输中一直保持着优势地位。

（二）铁路运输的特点

1. 运载量大

铁路运输可以实现大批量运输。因为铁路运输的机车有强大的牵引力，各种车辆的连接器有强大的挽力，适合于组成车群运转。根据车流理论，若有 N 辆车组成车群，则路线容量可以提高两倍，故虽编组费时，但其有较大的运输能量。

2. 运输成本低

铁路运输适于中长途运输，因为相对于公路运输，铁路运费仅为汽车运费的几分之一，运输耗油约为公路运输的 1/20。

3. 速度快

随着铁路技术的发展，铁路时速也越来越快，货运列车时速可达到 160 千米。中共中央、国务院于 2019 年 2 月发布的《交通强国建设纲要》提出，到 2050 年，我国铁路将实现时速 250 千米级轮轨高速货运列车。

4. 受气候影响小，稳定安全

铁路运输有固定的轨道，几乎不受气候影响，一年四季可以不分昼夜定期地、有规律地、准确地运转货物。而且铁路运输的机车车辆运用导向原理在轨道上行驶，自动控制行车，具有极高的安全性能。

5. 投资大，建设周期长

铁路运输需要购置机车、车辆，铺设轨道、建设桥梁和隧道，建立通信系统，建设轨道站场的建筑，取得建筑用地，这些均需要巨额资金，初期投资较大，建设时间较长。

6. 运营缺乏弹性

铁路运输受线路、货站限制，不够灵活机动；同时，因为铁路运输受运行时刻、配车、中途编组等因素的影响，不能适应用户的紧急需求。

7. 货损较高

铁路运输因为列车行驶时的震动及货物装卸不当，容易造成所承载货物的损失，而且运输过程要多次中转，也容易导致货物损坏、遗失。

（三）铁路运输的分类

铁路运输种类即铁路货物运输方式。按我国铁路技术条件，现行的铁路货物运输种类分为整车、零担、集装箱三种，整车适于运输大宗货物，零担适于运输小批量的零星货物，集装箱适于运输精密、贵重、易损的货物。

1. 铁路整车货物运输

铁路整车货物运输是指一批货物的重量、体积、状态需要一辆或一辆以上铁路货车装运（用集装箱装运的货物除外）的货物运输。

有些货物由于性质特殊，或在运输途中需要特殊照料，或受铁路设备条件限制，即使数量不够整车运输，也不能按零担托运（特准者除外）。

2. 铁路零担货物运输

铁路零担货物运输是指除可使用集装箱运输外，货物的重量、体积、状态不够整车运输条件，而且允许和其他货物配装的货物运输。

3. 铁路集装箱货物运输

铁路集装箱货物运输是指使用集装器具或采用捆扎方法，把裸装货物、散粒货物、有商业包装的货物等适宜集装箱运输的货物，组成一定规格的集装货件，经由铁路进行的货物运输。

（四）铁路运输的设施设备

1. 铁路线路

铁路线路（简称"线路"）是铁路列车运行的基础，起着承受列车巨大质量、引导列车前行方向的作用。铁路线路是由路基、桥隧建筑物和轨道三大部分组成的一个整体工程结构。

2. 运载工具

（1）铁路机车。铁路机车是牵引客、货列车和在车站进行调车作业的基本动力，其本身不载货物。

（2）铁路车辆。铁路车辆是运送货物的工具，它本身没有动力装置，只有把铁路车辆连接在一起由机车牵引，才能在线路上运行。铁路车辆可分为客车和货车两大类。

3. 货运站

专门办理货物装卸作业的车站，以及专门办理货物联运或换装的车站，均称为货运站。货运站的主要作业有运转作业和货运作业。

4. 铁路运输货物

按照运输条件的不同，铁路运输货物可分为普通货物和特殊货物。普通货物是指在铁路运送过程中，按一般条件办理的货物，如煤、粮食、木材、钢材、矿产等。特殊货物是指超长、集重、超限货物以及危险货物和鲜活货物等需要特殊运输条件的货物。

5. 信号设备

信号设备主要是指信号和通信设备。信号设备的主要作用是保证列车运行与调车工作的安全，提高铁路的通过能力。铁路信号设备是一个总称，按具体的用途又可分为铁路信号、连锁设备和闭塞设备。铁路信号用于向有关行车和调车工作人员发出指示和命令。连锁设备用于保证站内行车和调车工作的安全，提高车站的通过能力。闭塞设备用于保证列车在区间内运行的安全，提高车站的通过能力。

三、水路运输

（一）水路运输的概念

水路运输是指利用船舶等水运工具，在江、河、湖、海及人工运河等水道上运输人或物的一种运输方式。水路运输主要承担大数量、长距离的货物运输，是干线中起主力作用的运输形式。在内河及沿海，水运也常作为小型运输工具使用，担任补充及衔接干线运输的任务。

（二）水路运输的特点

1. 运输能力大

在海洋运输中，超巨型油船的载重为 55 万吨，矿石船载重量达 35 万吨，集装箱船达 7 万吨。海上运输利用天然航道，不像内河运输受航道限制较大，如果条件许可，可随时改造为最有利的航线，因此，海上运输的运输能力比较大。

在内河运输中，美国最大的顶推船队运输能力超过 6 万吨。我国大型顶推船队的运载能力也达 3 万吨，相当于铁路列车的 10 倍。在运输条件良好的航道，运输能力几乎不受限制。

2. 运输成本低

水运的站场费用极高，这是因为港口建设项目多、费用大，向港口送取货物都较不方便。水运成本之所以能低于其他运输方式，主要是因为其船舶的运载量大，运输里程远。

3. 建设投资省

水路运输利用天然航道，投资省。海上运输航道的开发几乎不需要支付费用。内河运输虽然有时要花费一定的开支疏浚河道，但比修铁路的费用小得多。

4. 劳动生产率高

水路因运载量大，其劳动生产率较高。一艘20万吨的油船只需配备40名船员，人均运送货物5 000吨。在内河运输中，采用顶推分节船队运输，提高了劳动生产率。

5. 航速较低

船舶体积较大，水流阻力大，所以航速较低。低速航行所需克服的阻力小，能够节约燃料；如果航速提高，所需克服的阻力则直线上升。

6. 受港口、水位、季节、气候影响较大，一年中中断运输的时间较长

受海洋与河流的地理分布及地质、地貌、水文与气候等条件的制约与影响，如江河断流、海洋风暴风等，水运航线无法完成"门到门"运输，需要借助公路运输完成运输任务。

（三）水路运输的形式

水路运输主要有四种形式，分别是内河运输、沿海运输、近海运输和远洋运输。

1. 内河运输

内河运输是使用船舶在陆地内的江、河、湖等天然水道或人工水道进行运送客、货的一种运输形式，主要使用中、小型船舶。

2. 沿海运输

沿海运输是往来于国内各沿海港口之间，负责运送客、货的一种运输形式，一般使用中、小型船舶。

沿海运输有两种形式：一是国内贸易货物在一国港口之间的运输，如货物在大连港、青岛港和上海港之间的运输；二是国际贸易货物在一国港口之间发生的二次运输，如从烟台港出口欧洲的货物，在烟台港装船，运到香港卸船，再装上其他船舶运往欧洲。

3. 近海运输

近海运输是利用船舶与大陆邻近国家通过海上航道运送客、货的一种运输形式。近海运输和沿海运输有一定的区别，沿海运输主要是指国内的两个港口之间的运输；而近海运输包括不同国家的两个港口之间的运输，如东南亚国家与中国港口之间的运输。

4. 远洋运输

远洋运输是使用船舶从事跨越大洋运送货物和旅客的运输，即国与国之间的海洋运输，或者称为国际航运。

（四）水路运输设施与设备

水路运输设施与设备主要包括航道、港口、船舶及附属设施等。下文主要讲航道、港口、船舶。

1. 航道

航道是指在江、河、湖泊、人工水道及海洋等水域中，供一定标准尺寸的船舶航行的通道，是水运赖以发展的基础。现代的水上航道不仅指天然航道，而且包括人工航道、进出港航道、保证航行安全的航行导标系统和现代通信导航系统。

2. 港口

港口是指位于海洋、江河、湖泊沿岸，具有一定设备和条件，供船舶避风维修、补给和转换客货运输方式的场所，是水陆交通的集结点和枢纽。

3. 船舶

船舶是能航行或停泊于水域内，用以执行作战、运输、作业等各类船、舰、筏及水上作业平台等的总称。

货运船舶可分为普通货船、散货货船、集装箱船、滚装船、载驳船、冷藏船、油船、液化气船和木材船等。

四、航空运输

（一）航空运输的概念

航空运输是使用飞机、直升机及其他航空器运送人员、货物、邮件的一种运输方式。航空运输具有快速、机动性强的特点，是现代旅客运输，尤其是远程旅客运输的重要方式，为国际贸易中的贵重物品、鲜活货物和精密仪器运输所不可或缺的运输方式。

（二）航空运输的特点

1. 具有较快的运送速度

由于在空中较少受自然地理条件的限制，航线一般取两点间最短的距离，能够实现两点间的高速、直达运输，运输距离越远，优势越明显，在国际运输中地位较高。

2. 适于运送鲜活、季节性商品

鲜活商品对时间的要求很高，运输延迟会使商品失去原有价值。采取航空运输可以保证商品鲜活，有利于开辟远距离的市场。对于季节性商品，航空运输能保证在销售季节到来前应市，避免由于错过季节导致商品无法销售而带来的损失。

3. 破损率低，安全性好

采用航空运输的货物本身价值较高，航空运输的地面操作流程环节比较严格，管理制度比较完善，货物破损率很低，安全性较好。

4. 降低库存水平，加速资金周转

航空运输速度快，商品在途时间短，交货速度快，可以降低商品的库存量，减少仓储费、保险费和利息支出等。产品流通速度加快，也加快了资金周转速度。

5. 载重小，运输费用高

由于飞机舱容有限，相对于铁路和水路来说，承载货物重量较小，而飞机本身飞行所消耗的油料相对于其他交通运输方式来说，昂贵很多，分摊到货物上的成本较高，所以航空运输费用比其他运输方式高，不适合运输低价值大批量货物。

6. 易受天气的影响

虽然航空技术已经能适应绝大多数气象条件，但是风、雨、雪、雾等气象条件仍然会影响飞机的安全起降。

（三）航空运输的分类

航空运输方式主要有班机运输、包机运输、集中托运和航空快递。

1. 班机运输

班机运输是在固定航线上定期航行航班的运输方式。班机有固定航线和停靠港，定期开航，定点到达，使收货人和发货人能确切掌握货物起运和到达时间，保证货物安全、准时地运往目的地。班机运输适于急用物品、行李、鲜活物、贵重物、电子器件等货物的运输。

2. 包机运输

包机运输是由租机人租用整架飞机或若干租机人联合包租一架飞机进行货物运输的方式。包机如往返使用，则价格较班机低；如单程使用，则价格较班机高。包机适合专运高价值货物，运输方式分为整架包机和部分包机两类。

3. 集中托运

集中托运指航空代理公司把若干批单独发运的货物组成一整批货物，向航空公司办理托运，用一份总运单整批发运到同一目的港，由指定的代理人收货，然后按照航空分运单分拨给各实际收货人的运输方式。

4. 航空快递

航空快递是由专门经营快递业务的代理公司组织货源和联络用户，并办理空运手续，或委托到达地的速递公司，或在到达地设立速递公司，或派专人随机将货送达收货人的一种快速运货方式。

（四）航空运输的设施设备

航空运输设备主要包括航线、航空港、飞机和通信导航设备等。

1. 航线

航线是指飞机飞行的路线，即飞机从某一机场飞往另一机场所遵循的空中路线。飞机的航线不仅确定了飞机飞行的具体方向、起落点和经停点，而且根据空中交通管制的需要,规定了航线宽度和飞行高度。

2. 航空港

航空港又称机场或航空站,是保证飞机安全起降的基地和旅客、货物的集散地,是空中交通网的基地。机场主要由飞行区、航站区、进出机场的地面交通系统和其他设施组成。

飞行区是机场内用于飞机起飞、着陆和滑行的区域,由跑道系统、滑行道系统、指挥塔台、停机坪、无线电通信导航系统、目视助航设施、空中交通管制设施及航空气象设施等组成。

航站区是飞行区与机场其他部分的交接部位,是旅客、货物、邮件运输服务设施所在区域。航站区的设施包括客机坪、航站楼、停车场等,其主要建筑是航站楼。

进出机场的地面交通系统通常是公路,也包括铁路、地铁或轻轨和水运码头等。其功能是把机场和附近城市连接起来,将旅客、货物和邮件及时运进或运出航站楼。进出机场的地面交通系统的状况直接影响空运业务。

其他设施包括供油设施、维修厂、维修机库、维修机坪设施、应急救援设施、动力与电信系统、环保设施、旅客服务设施、保安设施、货运区及航空公司区等。

3. 飞机

飞机是指具有机翼和一具或多具发动机,靠自身动力在大气中飞行的航空器,是航空运输的主要运载工具。民用飞机分为客机和货机两种,货机是指用于载运货物的运输飞机,通常专指用于商业飞行的民用货运飞机,一般以包机或定期航班的形式专门运输货物。

4.通信导航设备

通信导航设备是飞机场所需的各项通信、导航、监视设备的统称。

（1）通信设备。民航客机用于和地面电台或其他飞机进行联系的通信设备包括高频通信系统、甚高频通信系统和选择呼叫系统。

（2）导航设备。民航客机的导航依赖于无线电导航系统，其设备有甚高频全向无线电信标/测距仪系统、无方向性无线电信标系统、仪表着陆系统等。

（3）监视设备。目前实施空中交通监视的主要设备是利用无线电波发现目标并测定其位置的雷达。

五、管道运输

（一）管道运输的概念

管道运输是将管道作为运输工具的一种长距离输送液体、气体和粉状固体物资的运输方式。管道运输是靠物体在管道内顺着压力方向循序移动实现的，管道基础设施是固定的。

（二）管道运输的优点与缺点

1.优点

在五大运输方式中，管道运输有着独特的优势。与其他运输方式相比，管道运输特别是长距离管道运输，具有下述优点：

（1）运量大。管道运输不受时间限制，可以不分昼夜地输送物资。根据管径大小的不同，其每年的运输量可达数百万吨到几千万吨，甚至超过亿吨。例如，一条管径为1 200毫米的原油管道年运输量可达1亿吨。

（2）占地少。运输管道一般埋于地下，只有输油站等设施占用土地，所以占用的土地很少，仅为公路的3%、铁路的10%左右。

（3）基建投资少，建设速度快，施工周期短。由于管道运输的输送系统简单，因此基建投资少，且输送管道多为埋设，主要是土方施工，采用分段施工方式，因此建设速度快，施工周期短。

（4）安全可靠，连续性强。由于石油、天然气等资源易燃、易爆、易挥发、易泄漏，因此采用管道运输方式既安全，又可以减少挥发损耗，还可以大大减少泄漏对空气、水和土壤造成的污染。此外，管道基本埋藏于地下，运输过程中受气候条件的影响较小，可以确保运输系统长期稳定运行。

（5）耗能少，成本低，效益好。管道口径越大，运输距离越远，运输量越大，均摊的运输成本就越低。比如发达国家采用管道运输石油，每吨公里的能耗不足铁路能耗的1/7，在大量运输时的运输成本与水运接近。如果将几种运输方式进行比较，会发现管道运输、水路运输、铁路运输的运输成本之比为1:1:1.7。同时，管道运输可以连续输送物资，不存在空载行程，运输效率在几种运输方式中是最高的。

2. 缺点

管道运输也有一些局限性，具体如下：

（1）运输对象单一。管道运输系统只能输送特定的物料，如特定的石油、天然气、粉状或粒状物料，而不能像其他运输方式那样，进行大多数物资的运输。

（2）灵活性差。管道运输路线固定，很难实现"门到门"服务，需要其他运输方式配合完成全程输送。而且管道运输系统的敏感性强、应变能力低，因此要求严格控制物料的特性，如浆体管道运输的物料，只能是与水混合后不会产生物理变化和化学变化的颗粒状物料。

（3）输送能力不易改变。每个管道运输系统的输送能力受输送系统的设备和管道影响，一经建成是不能改变的。如果要提高输送能力，就必须提高管道的承压力，设备的输送压力也必须随之提高，而原有的管道和设备在技术上很难达到这一要求。

（4）占用部分货物资源。管道运输自投产之日起，管道内即充满所输的介质，直到停止运行之日止，因此有一部分介质会长期积存在管道中，占用了部分货物资源。

（三）管道运输的形式

运输管道常按所输送物品的不同，分为输油管道运输、输气管道运输和固体料浆管道运输。

1. 输油管道运输

输油管道运输主要输送原油和成品油。

原油一般具有比重大、黏稠和易于凝固等特性。原油运输主要是自油田输给炼油厂，或转运到原油的港口或铁路车站。原油输送的数量大、运距长、收油点和交油点少，故特别适宜管道输送。世界上的原油有85%以上是管道输送的。

成品油管道输送汽油、煤油、柴油、航空煤油和燃料油，以及从油气中分离出来的液化石油气等。每种成品油在商业上有多种牌号，常采用在同一条管道中按固定顺序输送多种油品的工艺，这种工艺能保证油品的质量和准确地分批运到交油点。成品油管道的任务是将炼油厂生产的大宗成品油输送到各个城镇的加油站或用户。成品油管道运输的特点是批量多、交油点多，因此，管道的起点段管径大，输油量大，经多处交油分输以后，输油量减少，管径亦随之变小，从而形成成品油管道多级变径的特点。

2. 输气管道运输

输气管道运输主要输送天然气，是少数能够实现"门到门"输送的管道运输方式。输气管道运输从气田或油田的井口装置开始，经矿场机器、净化及干线输运，再经配气网送到用户家中，形成了一个统一的、密闭的输气系统。

3. 固体料浆管道运输

固体料浆管道主要用于输送煤、铁矿石、磷矿石、铜矿石、铝矾石和石灰石等矿物，配置浆液主要用水，少数以燃料油或甲醇等液体为载体，在泵的驱动下用管道送往目的地，到达目的地后，将固体与液体分离再送给用户。

（四）管道运输的设施设备

管道运输中最有代表性的是长距离输油管道，以其为例，介绍管道运输的设施设备。长距离输油管道由输油站和管线两大部分组成。输油站是指沿输油管道干线为输送油品而建立的各种作业站场，按其所处的位置和作用，可以分为首站、中间和末站泵站。管线包括管道，沿线阀室，穿越江河、山谷等的设施和管道阴极防腐保护设施等。为保证长距离输油管道的正常运营，还设有供电和通信设施。

1. 首站

首站是输油管道的起点，收集准备用于管道输送的原油和成品油，进行分类、计量、增压后向下一站输油，主要由油罐区、计量系统和输油泵组成；对于加热输送管道，还需设置加热炉等加热设备。首站还必须完成发送清管器、油品化验、收集和处理污油等作业。

2. 中间站

中间站的任务是接受前一站来油，并对所输送的油品加压、升温后输往下一站，所以中间站的主要设备有输油泵、加热炉、阀门等设备。

3. 末站

末站主要是接受输油管道送来的全部油品，供给用户或以其他方式转运，故末站有较多储油罐和准确的计量装置。

六、运输方式选择

企业对运输方式的选择，不是单纯进行运输方式优缺点的比较，而需要对各种运输工具的运载能力、速度、频率、可靠性、可用性和成本等因素进行分析和合理筛选。同时，要考虑企业自身需求，结合自身货物运输的实际情况，包括企业自身的经营特点和要求、货物特点、市场需求缓急程度等，进行综合考量。一般来讲，在运输方式的选择中起决定性作用的主要有四个方面：运输物品的种类和数量、运输路程、运输时间和运输成本。

1. 运输物品的种类和数量

运输物品的种类和数量是由货物自身的性质及合同订单需求量决定的，是影响企业选择运输工具的重要因素。针对不同的商品、不同的运输量，应有不同的运输安排。一般来讲，粮食、煤炭等大宗货物适宜选择水路运输；水果、蔬菜、鲜花等鲜活商品，电子产品、宝石以及节令性商品等适宜选择公路运输或航空运输；石油、天然气、碎煤浆等适宜选择管道运输。

2. 运输路程

运输路程是由运输的终始位置及路线选择决定的。运输路线包括起点、途经站点及终点。同样的运输终始位置,可能会有不同的运输路径或路线选择,相应也就有不同的运输工具选择和运输里程。因此,在运输终始位置既定的情况下,选择正确的运输路线,其实质就是选择适用的运输工具,进行安全、迅速运输,从而最大限度减少商品运输里程或缩短商品在途时间,降低运输费用。

3. 运输时间和运输成本

运输时间和运输成本是不同运输方式相互竞争的重要内容,运输时间与运输成本的变化必然带来所选择的运输方式的改变。目前,企业对缩短运输时间和降低运输成本的要求越来越强烈,但是二者之间存在二律背反现象,缩短运输时间可能会增加运输成本,而运输成本的降低往往会延长运输时间。如何有效地协调这两者的关系,使其在符合企业发展战略要求的前提下保持均衡,是企业在选择运输方式时必须考虑的重要事情。

除了上述因素,企业在选择运输方式时,从发展的角度来看,还要考虑以下几方面的因素:

(1)运输的一致性。运输的一致性是指在若干次运输中,履行某一特定运输所需要的时间与原定时间或与前几次运输所需要的时间是一致的。运输的一致性会影响买卖双方承担的存货义务和有关风险,如果运输缺乏一致性,就需要安全储备存货,以防预料不到的服务故障发生。

(2)企业经营活动的变化。在不断变化的市场环境下,企业经营活动受到多种因素的影响。企业要想壮大,物流作为企业重要的支撑环节是至关重要的,因此,运输方式或第三方物流服务商的选择,已不仅仅是基于成本分析的对策问题,还要与企业发展战略、分销策略、服务策略等相协调。

(3)现代物流发展趋势的变化。随着现代物流理论和实践的不断发展,新的管理思想和技术手段不断诞生并推广应用，使企业在选择运输方式时应考虑的因素越来越多，例如，对于物流中心建设的运输与配送的协调组织与发展问题，面向下游市场的小批量、多品种的配送问题，对运输或配送准确性要求不断提高的问题，新的运输工具和技术手段的使用问题等，都对企业运输方式的选择提出了新的要求。

（4）物流制约条件的增加。经济与社会环境的变化，给包括运输在内的物流活动带来了新的发展制约，如能源短缺、劳动力成本上升、环境保护等。由于运输会带来噪声污染、空气污染、交通堵塞等问题，一些国家开始对配送中心的选址、建设及配送车辆使用加以严格限制。同样，为了树立良好的外部形象，一些企业选择了绿色发展战略，并开始在物流领域加以实施。这些因素，都会或多或少地影响到企业运输方式的选择。

第三节　运输优化管理

一、影响运输合理化的要素

运输是物流中最重要的功能要素，物流合理化在很大程度上依赖于运输合理化。因此，推进运输合理化，是强化运输管理的一个重要方面。运输合理化的影响因素很多，起决定性作用的有五个方面的因素，这五个因素通常被称作"合理运输的五要素"。

1. 运输距离

在运输时，运输时间、运输货损、运费、车辆或船舶周转等若干技术经济指标与运输距离有一定的关系，运距长短是运输合理与否的一个最基本因素。

2. 运输环节

每增加一次运输，不但会增加起运的费用，还会增加诸如装卸、包装等运输的附属活动，这会导致运输的各项技术经济指标下降。所以，减少运输环节，尤其是同类运输工具之间的转换，对运输合理化有十分重要的作用。

3. 运输工具

各种运输工具都有其使用的优势，对运输工具进行优化选择和合理搭配，最大限度地发挥所有运输工具的优势，是运输合理化的一个重要环节。

4. 运输时间

运输是物流过程中需要花费较多时间的环节，尤其是远程运输，在全部物流时间中，运输时间往往占绝大部分。所以，运输时间的缩短对整个流通时间的缩短有着决定性作用。同时，运输时间的缩短还有利于运输工具的快速周转，充分发挥运力，也有利于运输线路通过能力的提高，对运输合理化有很大作用。

5. 运输费用

运输费用在物流费用中占很大的比例，运费在很大程度上决定了整个物流系统的竞争能力。因此，运输费用的降低，无论是对货主企业来讲，还是对物流经营企业来讲，都是运输合理化的一个重要目标。

二、不合理运输的表现形式

不合理运输主要有以下几种类型：

1. 返程或起程空驶

空车或无货载行驶是最不合理的运输方式。在实际运输组织中，有时候必须调运空车，从管理上不能将其看成不合理运输。但如果因为车辆过度专用、企业调运不当、货源计划不周或为充分利用社会化运输系统造成的车辆空驶，则是不合理运输的表现。

2. 对流运输

对流运输亦称相向运输、交错运输，是指凡属同一货物或彼此间可以相互代用而又不影响管理、技术及效益的货物，在同一路线上或平行线路上进行相对方向的运送，同时与对方运程的全部或一部分发生重叠交错的运输。对流运输有两种，一种是明显对流运输，即在同一路线上的对流运输。另一种是隐蔽对流运输，即同一种货物在违反近产近销的情况下，沿着两条平行线路朝相对的方向运输，这种对流运输不易被发现。

3. 迂回运输

迂回运输是指舍近求远、货物绕道而行的一种运输现象。一般在计划不周、地理不熟、组织不当时会出现选择错误，忽略路程较短的线路，选择路程较长的路线运输，此即迂回运输；但当出现交通堵塞、路况不好或有其他规定限制发生的迂回时，则不属于不合理运输。

4. 重复运输

重复运输是指一种货物本可直接到达目的地，但由于某种原因而在中途停卸后再次装运的不合理现象。重复运输增加了不必要的中间环节，延缓了流通速度，增加了运输费用和货损。

5. 倒流运输

倒流运输是指同一批货物或同批中的一部分货物，由发运站至目的站后，又从目的站往发运站方向运输。它是对流运输的一种派生形式，其实也可以看成隐蔽对流运输的一种特殊形式。倒流运输是对运力的严重浪费，但如果是退货或返厂重修出现的倒流运输,不可算作不合理运输。

6. 过远运输

过远运输是指在调运货物时,可采取近程运输而不采取,出现舍近求远的运输现象。过远运输会拉长运输距离,增加运输成本,可能是由供应商选择过于单一、厂商信息不对称造成的。

7. 运力选择不当

运力选择不当指未能充分了解各种运输工具的优势,而不正确地利用运输工具所造成的不合理现象,如弃水走陆的运输、铁路或大型船舶短途运输、运输工具承载能力选择不当等。

8. 托运方式选择不当

托运方式选择不当指本来可以选择整车运输却选择了零担运输,应该直达却选择了中转运输,应当中转却选择了直达运输等,造成运力浪费及费用支出加大的一种不合理运输。

上述各种不合理运输形式都是在特定条件下表现出来的,在进行判断时必须注意不合理运输的前提条件,否则就容易出现判断失误。企业在进行分析时,要结合我国国情,从系统的角度综合判断,避免出现"效益背反"现象。

三、合理化运输的措施

为了避免不合理运输,在物流运输管理过程中需要采取措施来组织合理的运输。

1. 提高运输工具实载率

提高实载率就是充分利用运输工具的额定能力,减少车船空驶和不满载行驶时间，减少浪费，从而实现合理化运输。

2. 减少能源动力投入，增加运输能力

运输投入主要是能耗和基础设施的建设，在运输设施固定的情况下，尽量减少能源动力投入，从而节约运费，降低运输成本。如在铁路运输中，在机车能力允许的情况下，多加挂车皮；在公路运输中，实行汽车挂车运输，以增加运输能力。

3. 尽量发展直达运输

直达运输是追求运输合理化的重要形式，其核心是通过减少中转次数，提高运输速度，节省装卸费用，降低频繁装卸所造成的货物损失。

4. 配载运输

配载运输一般是指将轻重不同的货物混合配载，在以重货运输为主的情况下，同时搭载一些轻泡货物，合理利用运力，降低运输成本。这也是提高运输工具实载率的一种有效形式。

5. "四就"直拨运输

"四就"直拨运输是指就厂直拨、就站直拨、就库直拨和就船过载，从而减少中转运输环节，实现以最少的中转次数完成运输任务的目标。

6. 通过流通加工，实现合理化运输

有不少产品，由于产品本身形态及特性问题，很难实现满载运输。但如果进行适当的加工，就可以解决不能满载运输的问题，从而实现合理化运输。

7. 开展中短距离"公铁分流"

"公铁分流"主要是指"以公代铁"的运输，是在公路货物运输经济里程范围内，或者经过论证超出通常平均经济里程范围，也尽量利用公路。这种运输合理化的表现主要有两点：一是对于比较紧张的铁路运输，用公路外流后，可以得到一定程度的缓解，从而加大这一区段的运输通过能力；二是充分利用公路从门到门和在中途运输中速度快且灵活机动的优势，达到铁路运输服务难以达到的水平。

8. 发展社会化的运输体系

发展社会化的运输体系是通过各种联运体系的构建，发展能够提供"一条龙"式专业化运输服务的队伍，发展运输的大生产优势，防止一家一户自行运营常出现的空驶、运力选择不当、实载率低等不合理现象，不但可以追求组织效益，而且可以追求规模效益，是运输合理化非常重要的措施。

第四节 多式联运管理

一、多式联运的概念及特点

（一）多式联运的概念

多式联运是指由两种或两种以上的交通工具相互衔接、转运而共同完成的运输过程。

多式联运在国际上没有通用的定义。欧洲交通部长会议规定，多式联运的定义有广义和狭义之分。狭义的多式联运是指使用连续的运输方式进行的货物移动，并且在运输方式转换时不对货物本身进行单独处理（使用同一装载单位或工具）。广义的多式联运是指使用至少两种不同的运输方式进行的货物移动。《联合国国际货物多式联运公约》（1980年5月）把多式联运定义为按照多式联运合同，以至少两种不同的运输方式，由多式联运经营人将货物从一国境内接管货物的地点运到另一国境内指定交付货物的地点。

（二）多式联运的特点

在多式联运工作中，不仅要考虑各种运输方式的特点和优势，合理选择各区段的运输方式，还要考虑各种运输方式组成的运输线路的整体功能，以充分发挥各种运输方式的优势。多式联运有以下几个基本特征：

1. 全程性

多式联运是由多式联运经营人完成和组织的全程运输。无论运输中包含几个运输段，包含几种运输方式，有多少个中转环节，多式联运经营人均要对运输的全程负责，完成或组织完成全程运输中所有的运输及相关的服务业务。

2. 简单性

多式联运实行一次托运、一份合同、一张单证、一次保险、一次结算费用、一票到底的方式。多式联运比传统分段运输的手续简便，不仅大大方便了货主，还可以提前结汇，从而缩短了货主资金占用的时间，提高了社会效益和经济效益。

3. 通用性

多式联运涉及两种或两种以上运输方式的衔接和配合，不能仅按一种运输方式的货运法规来办理业务。所使用的运输单证、商务法规、货运合同、协议等必须能够适用两种或两种以上的运输方式。

4. 多式联运经营人具有双重身份

多式联运经营人在完成或组织完成全程运输的过程中，首先要以本人身份与托运人订立联运合同，在该合同中，多式联运经营人是承运人；然后要与各区段不同方式的承运人分别订立各区段的分运合同，在这些合同中，多式联运经营人是托运人和收货人。

二、多式联运的优点

多式联运是货物运输的一种较高的组织形式，它集中了各种运输方式的优点，实现了连贯运输，达到了简化货运环节、加速货运周转、减少货损货差、实现合理运输的目的。多式联运与传统的单一运输方式相比，具有无可比拟的优越性，主要表现在以下方面：

1. 责任统一，手续简便

在多式联运方式下，不论全程运输距离多么遥远，也不论途中需要使用多少种不同的运输工具，更不论途中要经过多少次转换，一切运输事宜统一由多式联运经营人负责办理，而货主只需要办理一次托运，订立一份运输合同，办理一次保险。在运输过程中，一旦发生货物损害，由多式联运经营人全程负责，与单一运输方式的分段托运相比，多式联运不仅手续简便，而且责任更加明确。

2. 减少中间环节，提高货运质量

多式联运通常以集装箱为运输单元，实现"门到门"运输。货物从发货人仓库装箱，验关铅封后直接运至收货人仓库交货，中途不需要拆箱，减少了很多中间环节。即使经过多次换装，也是使用机械装卸，丝毫不触及箱内货物。货损货差和偷窃丢失事故大为减少，从而较好地保证了货物安全和货运质量。此外，由于多式联运是连贯运输，因此，各个运输环节和各种运输工具之间配合密切，衔接紧凑。

3. 降低运输成本，节省运输费用

多式联运是实现"门到门"运输的有效方法。对于货方来说，货物装箱或装上第一种运输工具后就可取得联运单据进行结汇，结汇时间提早，有利于加速货物资金周转，减少利息支出。采用集装箱运输，还可以节省货物的包装费用和保险费用。此外，多式联运全程使用一份联运单据和单一运费，大大简化了制单和结算手续，节省了大量人力和物力，便于货方事先核算运输成本，选择合理的运输路线，为开展贸易提供了有利条件。

4.扩大业务范围，实现合理运输

在开展多式联运以前，各种运输方式的经营人都是自成体系、各自为政的，只经营自己的运输工具能够涉及的运输业务。因此，其经营业务范围受到很大制约，货运量也受到了限制。在多式联运方式下，多式联运经营人或多式联运参加者的经营业务范围大大扩展，各种运输方式的优势得到充分发挥，其他与运输有关的行业及机构，如仓储、代理、保险等，都可以通过参加多式联运扩大业务。

三、多式联运的组织

（一）多式联运经营人及相关人员

1.多式联运经营人

《中华人民共和国海商法》（1992年颁布，以下简称《海商法》）规定，多式联运经营人是指本人或者委托他人以本人名义与托运人订立多式联运合同的人。根据是否参加海上运输，多式联运经营人可分为以下两种类型：

（1）以船舶运输经营为主的多式联运经营人，或称有船多式联运经营人。

（2）无船多式联运经营人。无船多式联运经营人可以是除海上承运人以外的运输经营人,也可以是没有任何运输工具的货运代理人、报关经纪人或装卸公司。有船多式联运经营人和无船多式联运经营人的法律地位并无差异。

2. 区段承运人

区段承运人是指与多式联运经营人签订合同,进行多式联运某一区段运输的人。其与托运人并无直接的合同关系,只是参与多式联运合同的履行。

3. 履行辅助人

多式联运规则和公约提及的代理人、受雇人、经营人,以及为履行多式联运合同而提供服务的任何其他人都属于履行辅助人,具体包括多式联运经营人的受雇人、代理人和独立订约人。

(二)多式联运的组织

多式联运为货主提供了最大限度的方便,实现了理想的"门到门"服务。多式联运经营人在履行多式联运合同所规定的运输责任的同时,可将全部或部分运输委托区段承运人完成,并与之订立分运合同。

1. 多式联运的组织方式

多式联运根据工作性质的不同,可将全过程分为实际运输过程和全程运输组织业务过程两部分。实际运输过程由参加多式联运的各种运输方式的实际承运人完成,其运输组织工作属于各运输企业内部的技术、业务组织。全程运输组织业务过程由多式联运的组织者——多式联运经营人完成,主要包括全程运输涉及的所有商务性事务和衔接服务性工作的组织实施。

多式联运就其组织方式来说,基本上可分为协作式多式联运和衔接式多式联运两大类。

(1)协作式多式联运。协作式多式联运的组织者是在各级政府主管部门的协调下,由参加多式联运的各运输企业和中转港站共同组成的联运办公室(或其他名称),货物的全程运输计划由该机构制订。

(2)衔接式多式联运。衔接式多式联运的全程运输组织业务是由多式联运经营人完成的。这种组织方式下,需要使用多式联运方式运输成批或零星货物的发货人首先应向多式联运经营人提出托运申请,多式联运经营人根据自己的条件考虑是否接受申请。如果多式联运经营人接受申请,则双方订立货物全程运输的多式联运合同,并在合同指定的地点办理货物的交接,由多式联运经营人签发多式联运单据。接受托运后,多式联运经营人首先要选择货物的运输路线,划分运输区段,确定中转、换装地点,选择各区段的实际承运人,确定零星货物集运方案,制订货物全程运输计划,并把计划转发给各中转衔接地点的分支机构或委托的代理人,然后根据计划与第一程、第二程、第N程的实际承运人分别订立各区段的运输合同,通过这些实际承运人来完成货物的全程位移。

2. 多式联运的组织业务

多式联运的组织业务主要包括以下几个方面:

(1)组织货源。组织货源主要包括搜集和掌握货源信息,加强市场调查和预测,建立与货主的联系机制,组织货物按期发运、均衡发运及合理发运。

(2)制订运输计划。制订运输计划主要包括选择各批货物的运输路线及运输方式、各区段的实际承运人及代理人,确定运输批量,编制订舱计划、集装箱调运计划、装箱及接货计划、各批货物的运输日程计划等。

(3)组织各项计划的实施。组织各项计划的实施主要包括与各区段的实际承运人签订分运合同,将计划下达给有关人员或机构,并监督其按计划进行工作，组织相关信息的传递工作。

（4）检查计划执行情况及调整计划。根据计划执行的反馈信息，检查各区段、各转接点的工作情况。如果出现问题，应对计划及时进行调整，并把相关信息及时传递给有关人员与机构，以便执行新的指令。

（5）组织货物交付、事故处理及集装箱回运工作。

第三章　供应链中的物流配送管理

第一节　配送概述

一、配送的概念及特点

（一）配送的定义

我国国家标准《物流术语》(GB/T 18354-2021) 对配送的定义是："在经济合理区域范围内，根据客户要求，对物品进行拣选、加工、包装、分割、组配等作业，并按时送达指定地点的物流活动。"

配送是物流中一种特殊的、综合的活动形式，包含了物流中若干功能要素，是商流与物流的结合。

（二）配送的特点

一般来说，配送直接面对客户，能最直观地反映供应链的服务水平，所以配送"在恰当的时间、地点，将恰当的商品提供给恰当的客户"的同时，也应将优质的服务传递给客户。配送作为供应链的末端环节和市场营销的辅助手段，日益受到重视。

配送的特点有如下几个：

1.配送是面向终端用户的服务

配送作为最终配置，是对客户完成最终交付的一种活动，是从最后一个物流节点到用户之间的物品的空间移动过程。物流过程中的最后一个物流节点设施一般是配送中心或零售店铺。

2.配送是末端运输

配送是相对于干线运输而言的，从狭义上讲，货物运输分为干线部分的运输和支线部分的配送。与长距离运输相比，配送承担的是支线的、末端的运输，是面对客户的一种短距离的送达服务。从工厂仓库到配送中心之间的批量货物的空间位移称为运输，从配送中心向最终用户之间的多品种小批量货物的空间位移称为配送。配送与运输的具体区别如表3-1所示。

表3-1 配送与运输的区别[①]

项目	运输	配送
运输性质	干线运输	支线运输、区域间运输、末端运输
货物性质	少品种、大批量	多品种、小批量
运输工具	大型货车或铁路运输、水路运输	小型货车
管理重点	效率优先	服务优先
附属功能	装卸、捆包	装卸、保管、包装、分拣、流通加工、订单处理等

3.配送强调时效性

配送不是简单的"配货"加"送货"，它有着特定含义，更强调特定的时间、地点完成交付活动，充分体现时效性。

4.配送强调满足用户需求

配送是从用户利益出发、按用户要求进行的一种活动，因此，在观念上必须明确"用户第一""质量第一"，配送承运人所处的是服务地位而不是主导

---

① 张磊，张雪. 物流与供应链管理[M]. 北京：北京理工大学出版社，2021.

地位，因此必须从用户的利益出发，在满足用户利益的基础上获取本企业的利益。

5. 配送强调合理化

配送应当在时间、速度、服务水平、成本、数量等方面寻求最优。过分强调"按用户要求"是不妥的，由于用户本身的局限，其要求有时候存在不合理性，过分强调"按用户要求"会损害单方或双方的利益。

6. 配送使企业实现"零库存"成为可能

企业为保证生产持续进行，依靠库存向企业内部的各生产工位供应物品。如果社会供应系统既能提供企业的外部供应业务，又能实现上述的内部物资供应，那么企业的"零库存"就成为可能。理想的配送恰恰具有这种功能，由配送企业进行集中库存，取代原来分散在各个企业的库存，这就是配送的最佳模式。

二、配送的分类

（一）按配送组织者分类

按实施配送的组织者不同，配送可以分为配送中心配送、商店配送、仓库配送和生产企业配送。

1. 配送中心配送

配送中心配送的组织者是专职配送中心。配送中心具有经营规模较大、覆盖面较宽、货物配送能力强等特点，其设施和工艺结构是根据配送活动的特点和要求专门设计的，故专业化、现代化程度很高，并配备了大规模配送的设施。

2. 商店配送

商店配送的组织者是商品或物资的门市网点。这些网点主要承担商品的零售业务，一般规模不大，但经营品种比较齐全。除日常经营的零售业务外，这种配送方式还可根据用户的要求，将商店经营的品种配齐，或代用户外订外购一部分本商店平时不经营的商品，与商店经营的品种一起配齐运送给用户。

3. 仓库配送

仓库配送是直接以仓库为据点进行配送的配送形式。它可以是把仓库完全改造成配选中心，也可以是在保持仓库原有功能的前提下，再增加一部分配送职能。

4. 生产企业配送

生产企业配送的组织者是生产企业，尤其是进行多品种生产的企业。这种配送形式越过了配送中心，不经过中间环节，直接从商品的起点开始进行配送。

（二）按配送时间和数量分类

1. 定时配送

定时配送是指按规定的时间间隔进行配送，比如数天或数小时一次等，而且每次配送的品种及数量可以根据计划执行，也可以在配送之前以商定的联络方式确定。

2. 定量配送

定量配送是指按照规定的批量，在一个指定的时间范围内进行配送。这种配送方式数量固定，备货工作较为简单，可以根据托盘、集装箱及车辆的装载能力规定配送的定量，能够有效利用托盘、集装箱等集装方式，也可做到整车配送，配送效率较高。

3.定时定量配送

定时定量配送是指按照规定的配送时间和配送数量进行配送，兼有定时、定量两种配送方式的优点，是一种精密的配送服务方式。这种方式要求有较高的服务水平，组织工作难度很大，通常针对固定客户提供配送服务。

4.定时定路线配送

定时定路线配送是指在确定的运行路线上制订到达时间表，按时间表进行配送，用户可在规定地点和时间接货，可按规定路线及时间提出配送要求。这种方式特别适合对小商业集中区的商业企业的配送。

5.即时配送

即时配送是指完全按照用户提出的时间、数量方面的配送要求，随即进行配送的方式。采用这种方式，客户可以将安全储备降为零，以即时配送代替安全储备，实现零库存经营。

（三）按配送商品的种类和数量分类

1.单（少）品种大批量配送

一般来讲，工业企业的商品需求量大，单个品种或几个品种的商品就可达到较大输送量，实行整车运输，这样就可以由专业性很强的配送中心配送，往往不需要再与其他商品进行搭配。该配送形式适应需要量大、品种较少或单一的生产企业和批发商配送。

2.多品种少批量配送

多品种少批量配送是根据用户的要求，将所需的各种物品（每种物品的需要量不大）配备齐全，凑整装车后由配送据点送达用户。这种配送方式作业水平要求高，配送中心设备要求复杂，配货送货计划难度大，因此需要有高水平的组织工作予以保证和配合。而且，在实际中，多品种少批量配送往往伴随多用户、多批次的特点，配送频率较高。

3. 配套成套配送

配套成套配送是指根据企业的生产需要，尤其是装配型企业的生产需要，把生产每一台件设备所需要的全部零部件配齐，按照生产节奏定时送达生产企业，生产企业随即可将此成套零部件送入生产线以装配产品。在这种配送方式中，配送企业承担了生产企业大部分的供应工作，使生产企业可以专注于生产，与多品种少批量配送的效果相同。

三、配送的基本环节

配送作业是按照用户的要求，把货物分拣出来，按时按量发送到指定地点的过程。从总体上讲，配送是由备货、理货和送货三个基本环节组成的，每个环节又包含若干项具体活动，有时配送也包括流通加工。

（一）备货

备货指准备货物的系列活动，它是配送的基础环节。严格来说，备货包括两项具体活动：筹集货物和储存货物。

1. 筹集货物

在不同的经济体制下，筹集货物是由不同的行为主体去完成的。就总体活动而言，筹集货物是由订货、进货、集货及相关的验货、结算等一系列活动组成的。

2. 储存货物

储存货物是购货、进货活动的延续。在配送活动中，货物储存有两种表现形态：一种是暂存形态，另一种是储备（包括保险储备和周转储备）形态。暂存形态的储存是按照分拣、配货工序要求，在理货场地储存少量货物。这种形态的货物储存是为了适应"日配""即时配送"的需要而设置的。储备形态的货物是按照一定时期配送活动的要求和货源的到货情况有计划地确定的，它是配送持续运作的资源保证。

备货是决定配送成败与规模的最基础环节，也是决定配送效益的关键环节。如果备货不及时或不合理，成本高，就会大大降低配送的整体效益。

（二）理货

理货是配送的一项重要内容，也是配送区别于一般送货的重要标志。理货包括分拣、配货和包装等经济活动，其中，分拣是指采用适当的方式和手段，从储存的货物中选出用户所需货物的活动。分拣货物一般采取两种方式来操作，其一是摘取式，其二是播种式。

摘取式分拣就像在果园中摘果子那样去拣货物。其具体做法是：作业人员拉着集货箱（或分箱）在排列整齐的仓库货架间来回走动，按照配送单上所列的品种规格、数量等拣出及装入集货箱内。

播种式分拣货物类似于田野中的播种操作。其具体做法是：将大量同种货物集中运到发货场，然后根据每个货位货物的发送量分别取出货物，并分别投放到每个用户的货位上，直至配货完毕。

（三）送货

送货是配送活动的核心，也是备货和理货工序的延伸。在物流活动中，送货的现实形态实际上就是货物的运输，因此常常以运输代表送货。由于送货需要面对众多客户，并且要多方向运动，因此在送货过程中，常常在全面计划的基础上制订科学的、距离较短的货运路线，选择就近、迅速、安全的运输工具和运输方式。

（四）流通加工

在配送过程中，根据用户要求或配送对象的特点，有时需要在配货之前先对货物进行加工（如钢材剪切、木材截锯等），以提高配送质量，更好地满足用户需要。融合在配送中的货物加工是流通加工的一种特殊形式，其主要目的是使配送的货物满足用户的需要，提高资源的利用率。

第二节　配送中心概述

一、配送中心的概念及特点

《物流术语》(GB/T 18354-2021)对配送中心的定义是："从事配送业务且具有完善信息网络的场所或组织，应基本符合下列要求：①主要为特定的用户服务；②配送功能健全；③辐射范围小；④多品种、小批量、多批次、短周期；⑤主要为末端客户提供配送服务。"

配送中心是以组织配送性销售或供应、执行实物配送为主要职能的流通型节点。在配送中心，为了做好送货的编组准备，需要采取零星集货、批量进货等作业和对商品的分拣、配备等工作，从这个意义上讲，配送中心实际上是将集货中心、分货中心和流通加工中心合为一体的现代化物流基地，也是能够发挥多种功能的物流组织。

配送中心与传统的仓库和批发、储运企业相比，具有质的不同。仓库仅仅是储存商品的场所,而配送中心不是被动地储存商品,而是具有集、配、送等多样化功能和作用。和传统的批发、储运企业相比,配送中心在服务内容上由商流、物流分离发展到商流、物流和信息流有机结合,在流通环节上由多个流通环节发展到由一个中心完成流通全过程。

二、配送中心的分类

(一)按配送中心的经济功能分类

1. 供应型配送中心

供应型配送中心是指专门为某个或某些用户组织(如联营商店、联合公司)提供服务的配送中心。供应型配送中心担负着向多家用户供应商品的作用,因此大多占地面积比较大,一般建有大型的现代化仓库并储存一定数量的商品。

2. 销售型配送中心

销售型配送中心是以销售商品为目的,借助配送这一服务手段来开展经营活动的配送中心。在激烈的市场竞争环境下,商品生产者和经营者为促进商品的销售,通过为客户提供代办理货、加工和送货等服务来降低成本,提高服务质量。这类配送中心主要有三种类型:

(1)生产企业自身建立的配送中心。

(2)流通企业建立的配送中心。作为一种经营方式,流通企业建立配送中心以扩大销售。国内已建或拟建的生产资料配送中心多属于这种类型。

(3)流通企业和生产企业联合建立的销售型配送中心。

3. 储存型配送中心

储存型配送中心是以储存功能为主,在充分发挥储存作用的基础上开展配送活动的配送中心。从商品销售的角度来看，在买方市场条件下，企业销售商品需要有较大的库存支持；在卖方市场条件下，生产企业需要储存一定数量的生产资料，以保证生产连续运转，其配送中心需要有较强的储存功能。大范围配送的配送中心，需要强大的库存支持。

4. 加工型配送中心

加工型配送中心的主要功能是对商品进行流通加工，在配送中心对商品进行清洗、组装、分解、集装等加工活动。

（二）按配送中心的归属分类

1. 自有型配送中心

自有型配送中心是指隶属于某一个企业或企业集团，通常只为本企业提供配送服务的配送中心。连锁经营的企业常常建有这类配送中心，如沃尔玛公司所属的配送中心。

2. 共用型配送中心

共用型配送中心是以营利为目的、面向社会开展后勤服务的配送组织。其特点是服务范围不限于某一个企业。

（三）按配送中心的服务范围分类

1. 城市配送中心

城市配送中心是以城市为配送范围的配送中心。由于城市一般处于汽车运输的经济里程，城市配送中心可直接配送到最终用户。所以，这种配送中心往往和零售经营相结合，由于运距短、反应能力强，因而从事多品种、少批量、多用户的配送较有优势。

2. 区域配送中心

区域配送中心是以较强的辐射能力和库存准备，向省（州）际、全国乃至国际范围的用户配送的配送中心。这种配送中心配送规模较大，一般而言，用户也较多，配送量也较大。而且，往往是给下一级的城市进行配送，也配送给营业场所、商店、批发商和企业用户。

三、配送中心的功能

配送中心与传统的仓库、运输处是不一样的，一般的仓库只重视商品的储存保管，传统的运输处只提供商品的运输服务，而配送中心是以组织和实施配送性供应或销售为主要职能的流通型节点，是集货中心、分货中心、理货中心、加工中心的综合体，具有多种功能。

1. 储存功能

配送中心的服务对象是为数众多的企业和商业网点（如超级市场和连锁店），配送中心的职能和作用是：按照用户的要求及时将各种配装好的货物送交到用户手中，满足生产需要和消费需要。为了顺利而有序地完成向用户配送商品的任务，更好地发挥保障生产和消费需要的作用，通常，配送中心都要兴建现代化的仓库并配备一定数量的仓储设备，储存一定数量的商品。

2. 分拣功能

作为物流节点的配送中心，其服务对象是为数众多的企业（在国外，配送中心的服务对象少则几十家，多则数百家）。这些客户彼此之间存在诸多区别，不仅各自的性质不尽相同，经营规模也不一样。因此，在订货或进货的时候，为了有效地进行配送，配送中心必须采取适当的方式对收到的货物进行拣选，并在此基础上，按照配送计划分装和配装货物。

3. 集散功能

在物流实践中，配送中心凭借其特殊的地位和拥有的各种先进设施和设备，能够将分散在各个生产企业的产品集中到一起，经过分拣、配装，向多家用户发运。与此同时，配送中心也可以把各个用户所需要的多种货物有效地组合在一起，形成经济、合理的货载批量。配送中心在流通实践中所发挥的这种功能即集散功能，可以提高卡车的满载率，降低物流成本。

4. 衔接功能

通过开展货物配送活动，配送中心能把各种工业品和农产品直接运送到用户手中，客观上可以起到衔接生产和消费的媒介作用。这是配送中心衔接功能的重要表现。此外，通过集货和储存货物，配送中心又有平衡供求的作用，由此能有效地解决季节性货物的产需衔接问题。

5. 流通加工功能

配送中心的流通加工作业包含分类、磅秤、大包装拆箱改包装、产品组合包装、商标和标签粘贴等。这些作业是提升配送中心服务品质的重要手段。为了扩大经营范围和提高配送水平，目前，国内外许多配送中心配备了各种加工设备，由此形成了一定的加工能力。这些配送中心能够按照用户提出的要求和合理配送商品的原则，将组织进来的货物加工成一定的规格、尺寸和形状，由此发挥加工功能。配送中心积极开展加工业务，不但大大方便了用户，也有利于提高物质资源的利用效率和配送效率。

6. 信息处理功能

配送中心不仅能实现物的流通，而且能通过信息处理来协调各个环节的作业，协调生产与消费。信息化、网络化、自动化是配送中心的发展趋势，信息系统逐渐成为配送中心的重要组成部分。

四、配送中心的作业流程

配送中心基本作业流程主要包括进货（采购集货、收货验货、入库）、储存（普通货物仓储、特殊商品仓储）、分拣、流通加工、分类集中、配装、出货、配送运输等，这些流程由统一的信息管理中心集成、管理、调度。配送中心的基本作业流程如图 3-2 所示。

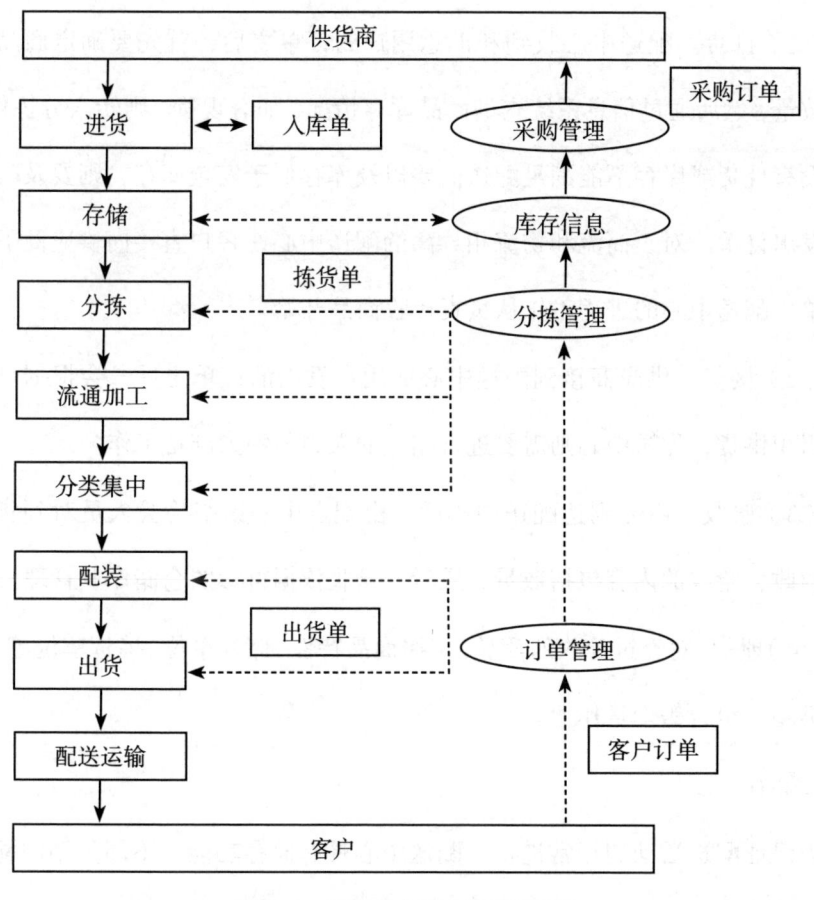

图 3-2　配送中心基本作业流程[1]

---

[1]　张磊，张雪．物流与供应链管理 [M]．北京：北京理工大学出版社，2021．

1. 订单处理

配送中心与其他经营实体一样,有明确的经营目标和服务对象。因此,配送中心在开展配送活动之前,必须根据订单信息,对顾客分布情况、商品特性、商品项数、顾客对配送时间的要求等进行分析,以确定所要配送的商品品种、规格、数量和时间等,并把信息传递给业务部门。

2. 进货

配送中心的进货主要包括订货、接货、验收和理货四个环节。

(1)订货。配送中心收到和汇总用户的订单之后,首先要确定商品的种类和数量,然后通过信息系统查询商品库存情况,如有现货,则转入分拣作业;如果没有现货或库存不能满足配送需要以及库存低于安全库存,则要及时向供应商发出订单。对于商流和物流相分离的配送中心,客户直接向供应商下达采购订单,配送中心的进货工作从负责接收商品开始。

(2)接货。供应商接到配送中心或用户发出的订单之后,会根据订单的要求组织供货,配送中心则需要进行相应的人力、物力准备工作。

(3)验收。商品到达配送中心后,由配送中心组织检验人员对到货商品进行验收,验收的内容包括数量、质量,验收依据可参照仓储作业管理。

(4)理货。对经过验收的商品,按照商品特性、储存单位、拣货单位等要求,进行拆箱、组合等理货作业。

3. 储存

为保证配送活动的正常进行,配送中心具有储存功能,不同类型的配送中心的库存量相差很大。采取配销模式的配送中心需要储存大量的商品,以获得价格方面的折扣。

4. 分拣

为了保证商品准时送达客户手中，满足客户的需要，配送中心要根据客户的订单要求对储存的商品进行拣取归类作业。从地位来说，分拣是配送中心整个作业流程的关键环节。

5. 流通加工

配送中心的流通加工主要是根据客户的要求对产品进行初加工。加工作业属于增值性经济活动，能够完善配送中心的服务功能。

6. 配装、出货

为了充分利用载货车辆的容积和载重能力，提高运输效率，降低运输成本，配送中心按照配送线路、客户分布情况等因素对配送商品进行合理的配装、配载作业。

7. 配送运输

配送运输是根据客户的要求，在准确的时间和准确的地点把商品送到客户手中。配送运输是配送中心的最后一个作业环节，直接面对最终客户，因此必须提高送货人员的服务质量。

第三节 供应链中的配送合理化管理

一、不合理配送的表现形式

对于配送决策的优劣，不能简单判断，也很难有绝对的标准。配送决策是全面、综合的决策，在决策时要避免出现不合理配送，以免造成损失。但有时，某些不合理现象是伴生的，要追求大的合理，就可能派生小的不合理，所以这里只单独论述不合理配送的表现形式。

（一）资源筹措不合理

配送是通过筹措资源的规模效益来降低资源筹措成本，使配送的资源筹措成本低于用户自己的资源筹措成本，从而取得优势。如果不是集中多个用户的需要进行资源的批量筹措，而仅仅是为某用户代购代筹，对用户来讲，不仅不能降低资源筹措费，反而要多付一笔配送企业的代筹代办费，因而是不合理的。资源筹措不合理还有其他表现形式，如配送批量计划不准确，资源筹措过多或过少，在筹措资源时不与资源供应者建立长期稳定的供需关系等。

（二）库存决策不合理

配送应充分利用集中库存总量低于各用户分散库存总量的优势，大大节约社会财富，同时降低用户实际平均分摊的库存负担。因此，配送企业必须依靠科学管理来实现一个总量低的库存，否则就会出现仅有库存转移而未降低库存总量的不合理现象。配送企业的库存决策不合理还表现为储存量不足，不能保证随机需求，失去了应有的市场。

（三）价格不合理

配送的价格应低于不实行配送时用户自己进货的产品购买价格加上自己提货、运输、进货成本的总和，这样才能使用户有利可图。如果配送价格普遍高于用户自己进货的价格，损害了用户的利益，就是一种不合理的表现。如果配送价格定得过低，使配送企业在无利或亏损状态下运行，也是不合理的。

（四）配送与直达的决策不合理

一般的配送虽然会增加环节，但可以降低用户的平均库存水平，如此，不但可以抵消增加环节的支出，还能取得剩余效益。但如果用户使用批量大，可以直接通过社会物流系统均衡批量进货，较之通过配送中心中转送货则可能更为节约费用。在这种情况下，不直接进货而通过配送中心送货就属于不合理范畴。

（五）送货方式不合理

配送与用户自提相比，可以集中配装一车送几家，不必一家一户自提，大大节省运力和运费。如果不能利用这一优势，仍然是一户一送，车辆也达不到满载，即时配送过多、过频，就是不合理的。

（六）经营观念不合理

在配送实施中，有些配送中心的经营观念不合理，使配送优势无从发挥，破坏了自身的形象。这是在开展配送时尤其需要注意的不合理现象。例如，配送企业利用配送手段向用户转嫁资金，在库存过大时，强迫用户接货，以缓解自己的库存压力；在资金紧张时，长期占用用户资金；在资源紧张时，将用户委托资源挪作他用等。

二、合理配送的衡量指标

对配送合理与否的判断，是配送决策系统的重要内容，目前国内外尚无一定的技术经济指标体系和判断方法。按一般认识，以下若干指标是应当纳入的。

1. 库存指标

库存是判断配送合理与否的重要标志。具体指标有以下两方面：

（1）库存总量。在一个配送系统中，配送中心的库存数量与各用户在实行配送后的库存量之和应低于实行配送前各用户库存量之和。

（2）库存周转。由于配送企业具有调剂作用，能以较低的库存保持较高的供应能力，库存周转速度总是快于实施配送前原来各用户的库存周转速度。

2. 资金指标

实行配送应有利于资金占用率的降低及资金运用的科学化。具体判断指标如下：

（1）资金总量。用于资源筹措的流动资金总量，随储备总量的下降及供应方式的改变必然有显著的降低。

（2）资金周转。从资金运用角度来讲，由于配送的整个节奏加快，资金充分发挥作用，同样数量的资金，在过去要花费较长时间才能满足一定的供应要求，实行配送之后，在较短时期内就能达到目的。所以，资金周转是否加快，是衡量配送合理与否的标志。

（3）资金投向。资金分散投入还是集中投入，是资金调控能力的重要反映。实行配送后，资金必然应当从分散投入改为集中投入，以增强调控作用。

3. 成本和效益指标

总效益、宏观效益、微观效益、成本等的高低都是判断配送是否合理的重要标志。对于不同的配送方式，可以有不同的判断侧重点，例如，如果配送企业、用户都是各自独立的以利润为中心的企业，则不但要看配送的总效益，还要看对社会的宏观效益及两个企业的微观效益，不顾及任何一方都是不合理的。

对于用户企业而言，在保证供应水平不变或提高供应水平的前提下，供应成本的降低反映了配送的合理化程度。

4. 供应保证指标

供应保证能力可以从以下三方面判断：

（1）缺货次数。实行配送后，对各用户来讲，该到货而未到货以致影响用户生产及经营，即缺货的次数必须减少。

（2）配送企业集中库存量。对每一个用户来讲，配送后其库存数量所形成的供应保证能力应高于配送前的供应保证能力。

（3）配送的能力及速度。即时配送的能力及速度是用户出现特殊情况时的特殊供应保障，这一能力应高于未实行配送前用户的紧急进货能力及速度。

5. 社会运力节约指标

末端运输是目前运能、运力使用不合理，浪费较大的领域，因而人们寄希望于用配送来解决这个问题。这也成了配送合理化的重要标志。运力使用的合理化是依靠送货运力的规划和整个配送系统的合理流程及与社会运输系统的合理衔接实现的。送货运力的规划是任何配送中心都需要花力气解决的问题，而其他问题有赖于配送及物流系统的合理化，判断起来比较复杂。

6. 用户仓储、供应、进货方面人力物力节约指标

配送的重要观念是为用户代劳，因此，实行配送后，各用户的库存量、仓库面积、仓库管理人员应减少，负责订货、接货、供货的人员应减少，真正解除用户的后顾之忧。

7. 物流合理化指标

配送必须有利于物流的合理化。这可以从以下几个方面判断：①是否降低

了物流费用。②是否减少了物流损失。③是否加快了物流速度。④是否发挥了各种物流方式的最优效果。⑤是否有效衔接了干线运输和末端运输。⑥是否不增加实际的物流中转次数。⑦是否采用了先进的管理方法及技术手段。物流合理化的问题是配送要解决的大问题,也是衡量配送本身是否合理的重要指标。

三、配送合理化的措施

1. 推行一定综合程度的专业化配送

通过采用专业设备、设施及操作程序,取得较好的配送效果,并降低使配送过分综合化的复杂程度及难度,从而追求配送合理化。

2. 推行加工配送

通过使加工和配送相结合,充分利用现有的中转次数,而不增加新的中转次数,求得配送合理化。同时,借助于配送,加工的目的更明确,和用户联系更紧密,避免了盲目性。这两者有机结合,在投入增加不多的情况下可追求企业优势与效益,是配送合理化的重要经验。

3. 推行共同配送

共同配送也称共享第三方物流服务,指多个客户联合起来共同由一个第三方物流服务公司来提供配送服务。它是在配送中心的统一计划、统一调度下展开的。通过共同配送,可以以最近的路程、最低的成本完成配送。

4. 实行送取结合

配送企业与用户建立稳定、密切的协作关系,不仅成为用户的供应代理人,而且充当用户的储存据点,甚至成为其产品代销人。在配送时,将用户所需的物资送到，再将该用户生产的产品用同一车运送，使这种产品也成为配送中心的配送产品之一，或者为用户代存代储，免去了用户的库存包袱。这种送取结合的方式，使配送企业的运力得到充分利用，也使配送企业的功能得到更大的发挥。

5. 推行准时配送系统

准时配送是配送合理化的重要内容。配送做到了准时，用户才能放心地实施低库存或零库存，可以有效地安排接货的人力、物力。

另外，保证供应能力也取决于准时供应。从国外的经验看，推行准时配送系统是追求配送合理化的重要手段。

6. 推行即时配送

作为计划配送的应急手段，即时配送是最终解决用户断供之忧、大幅度提高供应保证能力的重要手段。即时配送是配送企业快速反应能力的具体化，是配送企业能力的体现。即时配送成本较高，但它是实现整个配送合理化的重要手段。

第四章 供应链中的物流服务管理

第一节 物流服务概述

一、物流服务的概念及要素

（一）物流服务的概念

客户在购买商品的过程中，主要看价格、质量和服务。从物流角度来看，客户服务是一切物流活动或供应链流程的产物，是企业所提供的总体服务中的一部分。因而，物流系统的设计决定了企业能够提供的客户服务水平。向客户销售所产生的收入和系统设计的相关成本则决定了企业能够实现的利润。向客户提供的服务水平是达到企业利润目标的关键。

物流服务是指接受客户的委托，按照客户的要求，为客户或客户指定方提供服务，完成物流过程中的部分环节或全部环节。其本质是更好地满足顾客需求，即保证顾客需要的商品在顾客要求的时间内准时送达，服务能达到顾客所要求的水平等。

（二）物流服务的特点

企业的物流服务具有结构性、差异性、增值性和网络性四个主要特点。

1. 结构性

企业提供的物流服务表现出明显的结构性特征。首先，物流服务是由多种物流资源和多种物流功能要素通过合理配置形成的，必然反映出结构性要求；其次，企业生产经营发展导致物流需求呈多元化、综合化趋势，与之相适应的物流服务也就会体现结构性变化。

2. 差异性

不同的物流系统提供的服务不可能完全相同，同一个物流系统也不可能始终如一地提供完全相同的服务。物流服务之所以表现出差异性，主要是受企业物流系统提供的能力和服务方式的影响，同时也受客户参与物流服务过程、对服务不同的评价和认识的影响。当然，物流需求的个性化和独特化发展需要有个性化、柔性化的物流服务。

3. 增值性

物流服务能够创造出时间效用和空间效用，通过节省成本、费用为供应链提供增值利益，表现为突出的增值性。物流服务的增值性直接体现了物流服务作为价值创造活动的成果，同时，也反映了物流服务对企业生产经营过程中产品和服务价值的增值作用。在现代经济发展过程中，物流服务的增值性引起了人们的普遍重视。

4. 网络性

任何物流服务都依赖于经营者和消费者的互相协作和共同努力。在物流资源和物流功能要素的组合中，现代网络理念和网络技术促进了物流服务的网络化发展。物流服务网络性不仅表现为企业物流组织的网络化、企业物流服务技术的网络化，而且还表现为需求的网络化。

（三）物流服务的要素

现代营销中的顾客服务是一种供应、生产、经营、物流合而为一的综合经营行为。结合顾客服务的观点，可以将物流服务解释为对顾客商品利用可能性的一种保证，它包含三个要素，如图5-1所示：①拥有顾客所期望的商品（备货保证）；②在顾客所期望的时间内传递商品（输送保证）；③符合顾客所期望的质量（品质保证）。

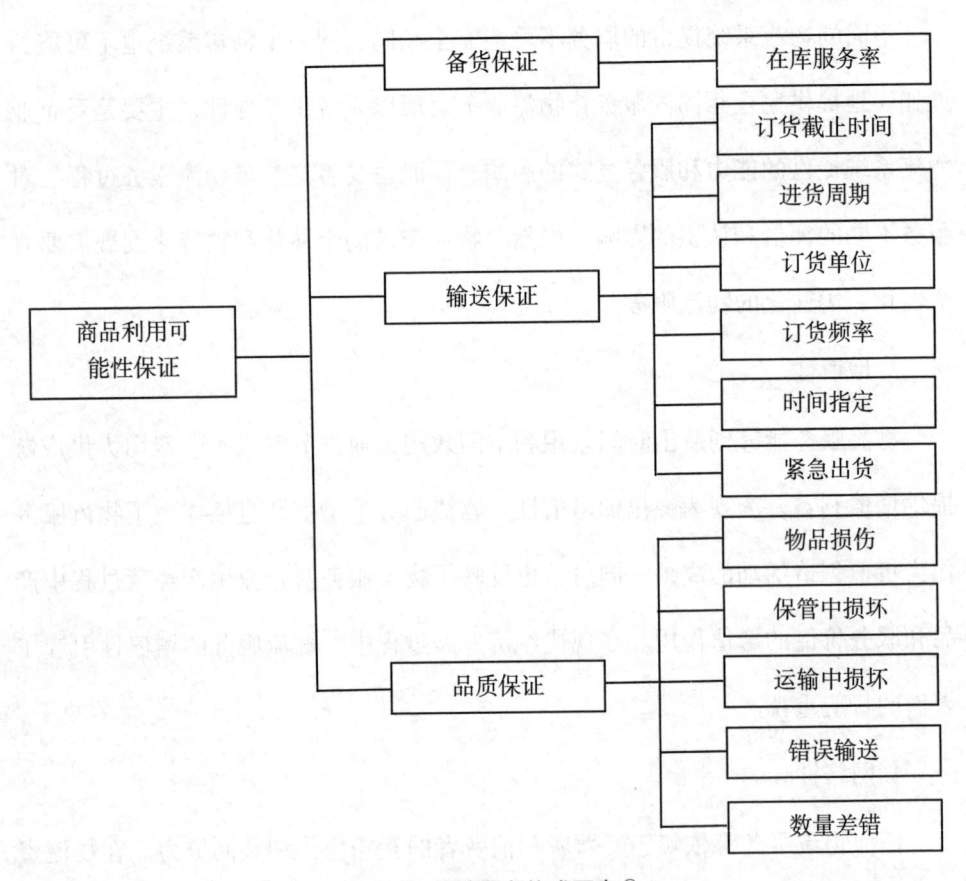

```
                            ┌─ 备货保证 ──── 在库服务率
                            │
                            │              ┌─ 订货截止时间
                            │              ├─ 进货周期
                            │              ├─ 订货单位
商品利用可能性保证 ──────────┼─ 输送保证 ──┼─ 订货频率
                            │              ├─ 时间指定
                            │              └─ 紧急出货
                            │
                            │              ┌─ 物品损伤
                            │              ├─ 保管中损坏
                            └─ 品质保证 ──┼─ 运输中损坏
                                           ├─ 错误输送
                                           └─ 数量差错
```

图 4-1　物流服务构成要素[①]

---

① 陈栋．物流与供应链管理智慧化发展探索 [M]．长春：吉林科学技术出版社，2021．

（四）物流服务的目的

物流服务的目的，就是提供更多能满足客户要求的服务，扩大与竞争对手之间的差距，从而通过销售额的增加来获得或增加企业的利润。具体来说，物流服务的目的有以下几个：

1. 有效地完成商品的供应

将顾客所需要的商品在必要的时候，按既定的要求送达顾客。要实现这一目的，要求企业明确接受订货截止时间、接受订货批量、供货频率、交货期（从订货到交货的时间）等。

2. 减轻顾客的物流作业负担，提高作业的效率

企业在指定时间交货，而且要提高交货精度，同时，满足客户在挂标签牌、以货架为单位包装等方面的流通加工要求。由于企业提供了以上服务，顾客就可以有计划地进行收货作业，并且会缩短收货时的验货时间。

3. 为客户节省更多的流动资金来研发企业的核心技术

对于企业而言，物流占用了大量的人力和财力，如果第三方物流公司提供的服务能够满足需求，可以将物流业务外包，节省更多的资金和精力去专攻企业的核心技术，提高企业的核心竞争力。

二、物流服务的指标

（一）基本的物流服务标准

1. 可得性

可得性是指当顾客需要存货时所拥有的库存能力。可得性可以通过各种方式实现，最普遍的做法是按预期的顾客订货进行存货储备。于是，仓库的数目、

地点和储存政策等便成了物流系统设计的基本问题。存货储备通常是建立在需求预测基础上的，而对特定产品的储备战略还要结合其是否畅销、对整个产品线的重要程度、收益率以及商品本身的价值等因素考虑。存货可以分为两类：一类是取决于需求预测并用于支持基本可得性的基本储备。另一类是满足超过预测数的需求量并适应异常作业变化的安全储备。

可得性的一个重要方面就是企业的安全储备政策。安全储备的存在是为了调整预测误差，并在安全储备的补给期间对配送延迟进行缓冲。一般说来，防止缺货的期望越大，安全储备的需要也越大；安全储备的负荷越大，平均存货的数量也越大。在市场需求高度变化的情况下，安全储备的构成有可能占到企业平均存货的一半以上。通过缺货频率、供应比率和订货完成率这三个衡量指标，可以确定企业满足特定顾客对存货的需求的能力。

（1）缺货频率。

缺货频率是指缺货会发生的概率。该衡量方法用于表示一种产品可否按需要装运交付给顾客，当需要超过产品可得性时就会发生缺货，也就是说，缺货频率就是衡量一种特定的产品需求超过其可得性的次数。将全部产品发生缺货的次数汇总起来，就可以反映一家企业实现其基本服务承诺的状况。

（2）供应比率。

供应比率用来衡量缺货的程度或影响大小。这是因为，一种产品缺货并不必然意味着其顾客的需求将得不到满足。在判断缺货是否影响服务绩效以前，首先要弄清顾客的真实需求。因此，企业要确认该产品是否确实未能获得及顾客究竟想要多少单位。供应比率绩效通常是按顾客服务目标区分的，于是，对缺货程度的衡量就可以构成企业在满足顾客需求方面的跟踪记录。例如，一位顾客订货 50 个单位，只有 47 个单位可得，那么订货供应比率为 94%（47÷50×100%）。为有效地衡量供应比率，一般在评估程序中还要在一段特定的时间内对多个顾客订货的完成情况进行衡量。

（3）订货完成率。

订货完成率是衡量企业拥有一个顾客所预订的全部存货时间的指标。假定其他各方面的完成为零缺陷，则订货完成率就为顾客享受完美的订货服务提供了潜在时间。

2. 作业完成

作业完成可以通过速度、一致性、灵活性、故障与恢复等方面来具体说明所期望的完成周期。显然，作业完成涉及物流活动对所期望的完成时间和可接受的变化所承担的义务。

（1）速度。

完成周期的速度是指从一开始订货起至货物实际抵达时止的这段时间。企业必须以顾客的身份来考察在这方面所承担的义务，因为不同的物流系统设计，完成周期所需的时间会有很大的不同，即使在高水平的通信和运输技术条件下，订货周期也是既可短至几个小时，也可长达几个星期。

完成周期往往与存货需求有着直接关系。一般来说，计划的完成速度越快，顾客所需的存货投资水平就越低。完成周期与顾客存货投资之间的关系居于以时间为基础的物流安排之首。

（2）一致性。

虽然服务速度至关重要，但大多数物流公司更强调一致性。一致性是指企业在众多的完成周期中按时配送的能力，是必须随时按照配送承诺加以履行的处理能力。不应把一致性直接理解为顾客额外需要的安全储备,以防有可能发生的配送延迟。

（3）灵活性。

灵活性是指处理异常的顾客服务需求的能力。企业的物流能力与在始料不及的环境下妥善处理问题的能力密切相关。需要企业灵活作业的典型事件有:调整基本服务安排,例如,一次性改变装运交付的地点;支持独特的销售和营销方案;新产品引入;产品逐步停产;供给中断;产品回收;特殊市场的定制或顾客的服务层次;在物流系统中履行产品的设计,诸如定价、组合或包装等。在许多情况下,物流的优势精华存在于灵活性之中。一般说来,企业的整体物流能力取决于在适当满足关键顾客的需求时所拥有的随机应变的能力。

（4）故障与恢复。

不管企业的物流作业有多么完美,故障总是会发生的,而在已发生故障的作业条件下继续服务往往是十分困难的。因此,企业应制订一些有关预防或调整特殊情况的方案,以防止故障发生。企业应通过合理的论证来承担这种应对异常情况的义务,而其制订的基本服务方案应保证高水平的服务,为此,企业要有能力预测服务过程中可能发生的故障或服务中断,并有适当的应急计划来恢复任务。当实际的服务故障发生时,顾客服务方案中的应急计划还应包括对顾客期望恢复的确认以及衡量服务一致性的方法。

3. 可靠性

物流质量与物流服务的可靠性密切相关。物流活动中最基本的质量问题就是如何实现已计划的存货可得性及作业完成能力。除了服务标准外,质量上的一致性涉及能否并且乐意迅速提供有关物流作业和顾客订货状况的精确信息。

研究表明，企业提供精确信息的能力是衡量其顾客服务能力最重要的方面。顾客通常讨厌意外事件，如果他们能事先收到信息，就能对缺货或迟延配送等意外情况进行调整。因此，有越来越多的顾客表示，有关订货内容和时间的事前信息比完美订货的履行更加重要。

除了服务可靠性外，服务质量的一个重要组成部分是持续改善。物流公司关心如何尽可能少地发生故障以尽快完成作业目标，而完成作业目标的一个重要方法就是从故障中吸取教训，改善作业系统，以防再次发生故障。

（二）完美的物流服务标准

在许多情况下，完美物流服务的概念是物流质量的外延。在当今的技术条件下，这种服务绩效是可能实现的，但其代价是昂贵的，因此，很少有企业会向所有的顾客承诺这种义务，把零缺陷绩效作为其基本的服务战略。

完美的物流服务承诺通常是建立在各种协议的基础上的，旨在发展供应商和首选顾客之间密切的工作关系。需要引起足够重视的是，完美的物流服务通常是在严密的组织工作中履行的。这些安排随时间展开，往往需要有关企业大量交换信息的支持，需要在管理上和作业上付出努力、投入巨资。所以，这种卓越的服务表现必须致力于服务那些能够正确评价并愿意提高购买忠诚度，以及对企业的额外表现做出反应的顾客。一旦企业展开完美物流服务的战略，它就必须充分了解潜在的风险和行情下跌的可能性。

第二节　物流服务管理

一、制定物流服务标准

制定物流服务标准，历来是物流管理中难以处理但又必须认真考虑的问题，因为合理可行的物流服务标准是企业进行物流服务管理和控制的依据。在此，着重从实践角度来说明企业在制定物流服务标准时应当注意的问题。

1. 制定明确的目标

一些企业在制定物流服务标准时，将目的和目标区分开来。目的的范围较广泛，概括地指明企业试图达到的总成果。目标是用来达到目的的手段，有一定的最低要求。通常，企业要确定一系列必要的与目标相符的要求并予以完善。

现以杜邦公司为例说明企业制定的物流服务目的："公司的第一目的是，在选择的竞争市场和其他地区比主要竞争对手提供同等或更好的物流服务水平，为改进物流服务，无须或少许改变系统。第二目的是始终维持足够的库存，及时满足顾客的需要；按规定的目标或在顾客指定的日期内将货物可靠地发运并送达；在发生任何偏离服务标准的情况下，迅速通知顾客。"

2. 考虑增长的顾客期望

在确定企业的基本服务标准时要考虑的一个重要因素，就是顾客的期望。几乎在每一个行业中，一个或多个企业会把物流活动作为核心战略，以获得顾客的忠诚。这些企业投入了各种资源，以实现高水平的服务能力，使竞争对手难以效仿。

这种逐步扩大顾客期望的现象往往可以用所谓的"缩小服务窗口"的概念加以说明。绝大多数行业有一种明确或含蓄的、被普遍接受的、令人满意或符合要求的服务水平。例如，在 20 世纪 70 年代，美国的食品和服装制造商被普遍接受的物流服务绩效是：交付周期为 7～10 天，存货供应比率为 92%。到了 80 年代初期，该期望值逐步上升至在 5～7 天的展销期内交货，最低限度可接受的供应比率上升至 95%。现在，最低限度的交付周期期望值已为 3～5 天，并且供应比率约为 98%。"缩小服务窗口"这一概念清晰地指明了一个朝更高水准和更快速度发展的物流绩效趋势。"缩小服务窗口"如图 4-2 所示。

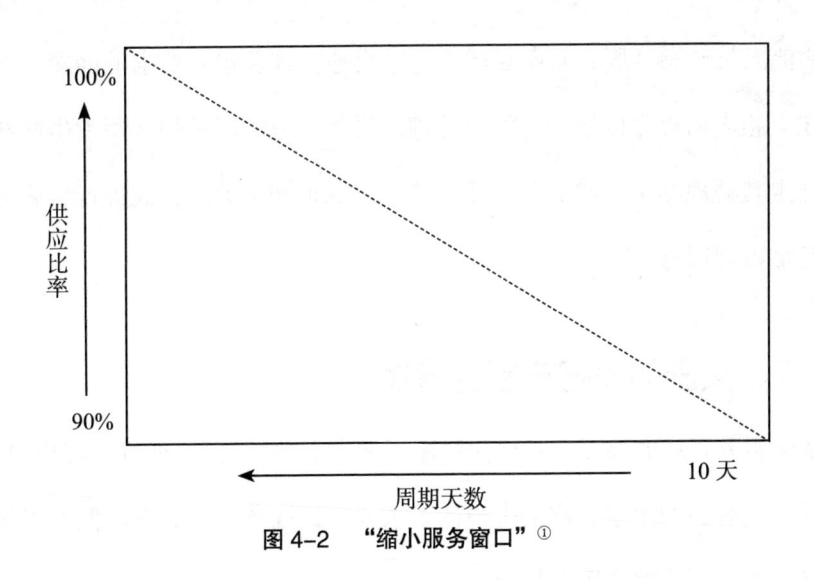

图 4-2 "缩小服务窗口"[①]

3.订货单传递、分拣和集合订货单

订货单传递是指自顾客发出订货单直到卖方收到订货单这段时间内发生的一系列事件。因为顾客常设想他们一发出订货单，企业就会收到，因此，如果在此环节中发生变化或耽搁的时间过长，就会降低顾客满意度。企业应当为不同的订货单传递方式规定相应的时间，提供给顾客参考，由顾客根据需要选择

---

① 夏春玉．物流与供应链管理 [M]．沈阳：东北财经大学出版社，2010．

适当的方式进行订货单传递。

订货单处理的职能之一是填制文件，通知指定仓库将顾客的订货单集合起来。通常用订单分拣清单表明所要集合的产品项目，送到仓库人员手中。订单分拣和集合包括自仓库接到产品的出库通知直到将该产品装车这段时间内进行的所有活动。对于订单分拣和集合，应当规定严格的作业时间和准确度，因为它是连接备货、装货直到运输的重要环节，如果此处出现差错，将会给接下来的物流作业造成极大的不便和损失。

4. 退货

物流人员与顾客服务有密切联系，常会遇上涉及退货要求的问题，因此，必须建立相应的程序以便于按规定处理。另外，退回的货物必须由生产部门检查以确定其处理办法，或交回产品库储存，或再加工处理，或进行解体将有用的部件加以利用等。

二、实施物流客户服务管理

物流服务管理的要点是必须使物流服务中心运作良好，即按照客户的要求，把商品送到客户的手中，满足客户的要求并提高服务水平。为降低物流服务成本，必须进行物流客户服务管理。

客户是物流中最关键的因素。只有当物流服务的其他职能相互沟通、共同发展并和谐地服务于客户这个中心，才能使物流服务有效地运行。

企业应采取有效的物流服务管理措施，在客户与企业之间建立畅通的信息沟通渠道。与客户直接接触的人员是企业获得客户服务改进信息的重要来源。

（一）做好客户服务的要点

要做好客户服务，必须注意以下几点：

1. 理解顾客

物流服务企业或物流管理人员首先必须了解自己的行业，知道顾客为什么要来；其次，必须通过行业统计或其他渠道了解顾客的信息。

2. 发现顾客的真实需要

发现顾客的真实需要可以通过简单的询问，如面谈、电话交谈或函问等形式，也可以通过调查问卷或其他能够使企业掌握顾客需要的有效方法。

3. 提供顾客需要的服务，使顾客理解所提供的服务

在对一些顾客数据、必要的反馈和竞争对手信息有充分的了解以后，就应该考虑提供顾客需要的服务。

4. 最大限度地提供顾客满意的服务

企业应当创造性地研究自己的服务，以保持并不断提升顾客的满意度。

5. 使顾客成为"回头客"，并使顾客为企业的传播服务

拥有一批固定的顾客是企业成功的奥秘。只有顾客一次又一次来消费，企业的经营才可能成功。通过提供优质服务，使满意的顾客自愿为企业做广告、宣传，是十分有效的营销策略。

（二）把握服务的关键时刻

服务的关键时刻就是客户光顾企业任何一个部门时的那一瞬间。服务过程是由一系列的关键时刻组成的，物流经理要指导下属做好物流客户服务关键时刻的管理，以确保整个物流服务的完整，提供给顾客优质的服务，即必须确定

服务圈与重要的关键时刻。

1. 服务圈

服务圈是客户经历不同关键时刻的模型描述。确定服务的服务圈，应由直接参与提供服务的员工来做出，以客户为中心，按照客户在服务过程中所经历的各个阶段，列出客户与企业接触的所有关键时刻。在如图 4-3 所示的服务圈模型中，对于服务企业而言，主要的关键时刻组成一个环形圈，这一系列彼此独立而又相互关联的关键时刻影响着客户对服务质量的评价。

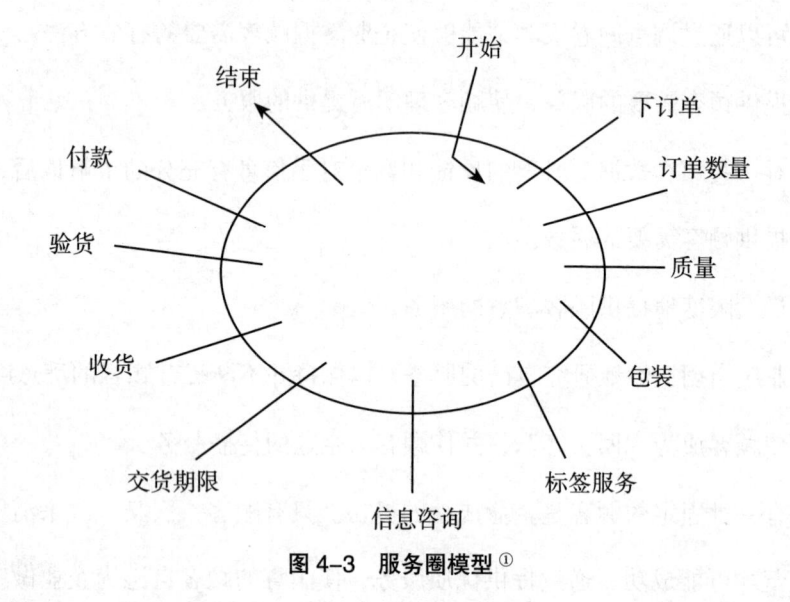

图 4-3　服务圈模型[①]

2. 重要的关键时刻

并不是每一个关键时刻对客户关于企业物流服务的评价都起着相同的作用，只有极少部分关键时刻非常重要。如果对这部分的管理不当，对企业信誉和服务质量影响很大，可能会失去客户。因此，对重要的关键时刻的管理和控制是客户服务的关键。

---

① 陈栋. 物流与供应链管理智慧化发展探索 [M]. 长春：吉林科学技术出版社，2021.

对关键时刻进行改进,企业就能赢得客户的信任,客户对企业服务质量的评价就会相应地提高;反之,客户对服务质量的评价就会降低。

三、监控物流服务

监控物流服务主要从物流服务成本控制、物流劳动工时控制、物流作业监督以及防偷盗控制等方面进行。

(一)物流服务成本控制

1.物流服务与物流成本

物流服务应当遵循的原则是以适当的成本实现高水平的客户服务。一般来讲,物流服务水平与成本是一种此消彼长的关系,两者之间的关系适用于收益递减原则,如图4-4所示。在服务水平较低的阶段,如果追加X单位的成本,服务水平将提高Y;而在服务水平较高的阶段,同样追加X单位的成本,提高的服务质量只有Y′(Y′<Y)。

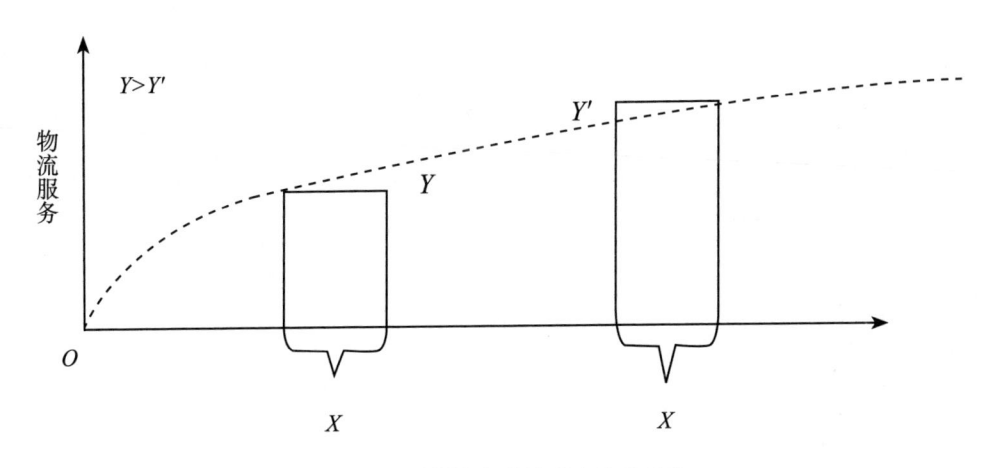

图4-4 物流服务与物流成本的关系[1]

---

[1] 陈栋. 物流与供应链管理智慧化发展探索[M]. 长春:吉林科学技术出版社,2021.

所以，无限度地提高服务水平，成本上升的速度会加快，而服务效率则没有多大提高，甚至下降。

具体说来，物流服务与成本的关系有以下几种：

（1）在物流服务水平一定的情况下，降低物流成本。在实现既定服务水平的条件下，通过降低成本追求物流系统的改善，如图4-5（a）所示。

（2）要提高物流服务水平，不得不牺牲低水平的成本，听任其上升，这是大多数企业所认为的服务与成本的关系，如图4-5（b）所示。

（3）在物流成本一定的情况下，实现物流服务水平的提高。这种状况是灵活、有效地利用物流成本，追求成本效益的一种做法，如图4-5（c）所示。

（4）在降低物流成本的同时，实现较高的物流服务水平，如图4-5（d）所示。

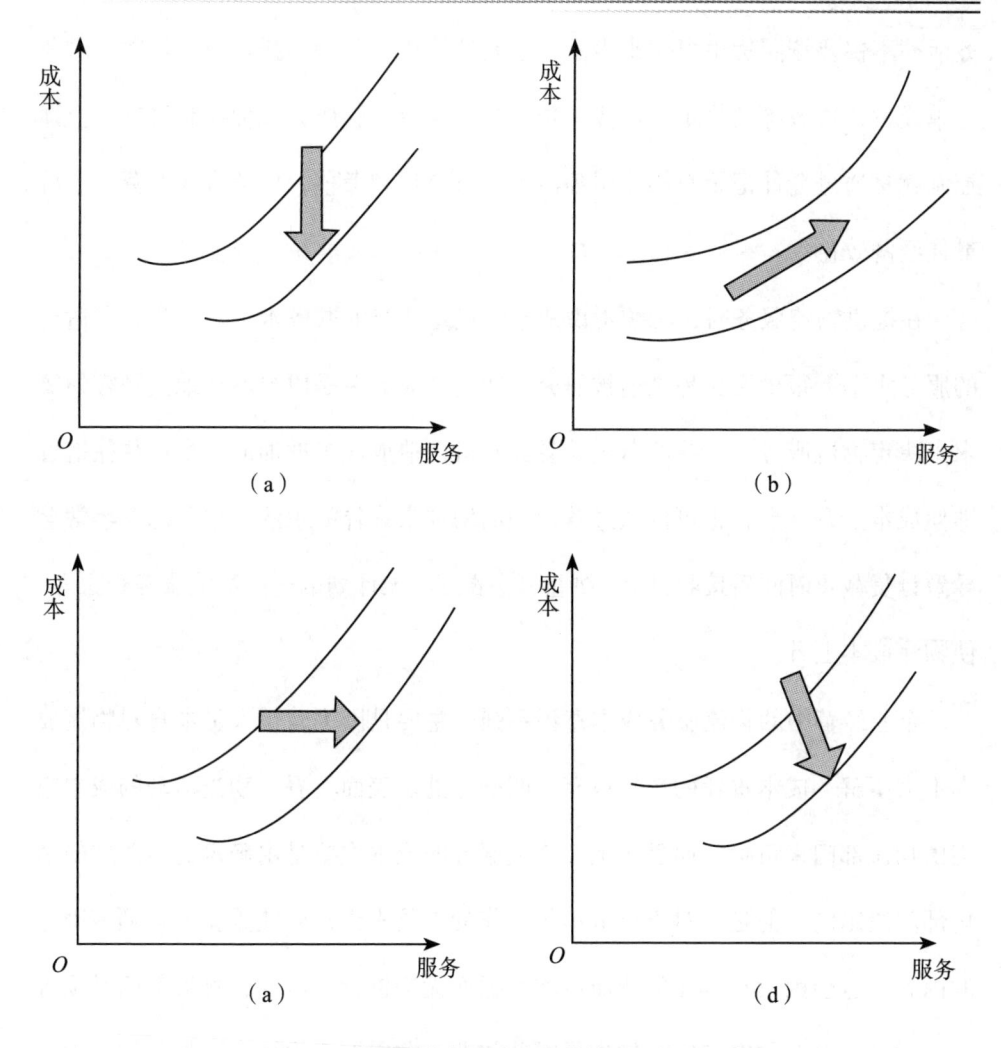

图 4-5 物流服务与成本在具体情况下的关系 ①

（a）在物流服务水平一定的情况下，降低物流成本；（b）提高物流服务水平，不得不牺牲成本；（c）在物流成本一定的情况下，实现物流服务水平的提高；（d）在降低物流成本的同时，实现较高的物流服务水平。

2. 物流服务成本的会计控制

预算作为计划机制，是实现企业目标的一种手段，物流经理汇总上报的预算，确定为实现计划中各项物流任务所需的资金数额。在编制预算时，全部业

① 陈栋. 物流与供应链管理智慧化发展探索 [M]. 长春：吉林科学技术出版社，2021.

务活动不仅要按照货币单位来表示，还要按体积、重量、托盘数、箱数，以及订单或发票项数等实物单位计算。预算被批准后，就成为一种控制机制。会计控制就是通过会计记录对物流服务活动进行监督和考核，保证有效经营，取得最佳经济效益。

在提供物流服务时，必须考虑成本，设定适当的服务水平。但是，"适当的服务水平"很少在交易之前被研究，物流企业大多是原封不动地按顾客的要求来决定物流服务。一些经营决策者面对可能造成成本增加的因素，往往抱着即使成本上升一点，也可以通过营业额的增加来弥补的想法，这种态度经常会导致订货截止时间后接收订货、少量紧急配送、无计划的过度物流服务现象等，使物流成本上升。

企业经营中的物流服务成本意识不强，主要是因为营销人员本身对物流成本不太了解，成本责任的承担也有不明确之处。表面上看，物流活动的成本应当由物流部门来负责，而事实上，物流服务的成本主要是由确定交易条件的销售部门决定的。但是，对于负责销售工作的人员来说，即使重新考虑顾客服务的内容，也会因没有具体的物流成本数据而无法进行。因此，物流部门必须告知"为了向这个顾客交货，发生了哪些作业，共需要多少成本"的具体数据，明确每个顾客的物流服务内容和所花的成本。

（二）物流劳动工时控制

鉴于物流劳动力的工资费用较高，劳动力的有效使用对于以营利为目标的企业经营来说是十分重要的。

1. 工作时间定额控制

通常，预先制定工作时间定额，可以使劳动力的有效使用状况得到改善。

以仓库为例，在一个仓库里，执行每一项任务，如打开一辆卡车车厢、堆放一个托盘或拣选一箱外运货物所需的时间被计划出来。时间分析的精确度以秒为单位。装有货物的托盘在仓库中的放置地点及离地面的高度对作业所需时间来说是有影响的。拣选出库货物所需时间，取决于这些货物的位置、体积和重量。这些数据有两方面的用途：首先，它们表明仓库中货位的安排应该是把较为常用或周转快的库存项目放置在存取便利和花时间较少的货位；其次，通过使用计算机程序，为货物拣选人确定最佳行走路线。

2. 短期工作进度控制

有一种分析方法称为短期工作进度表，就是检查每名员工在小段时间内的活动。每单位工作分配一定数量的时间，然后按照"充分利用每名工人的时间，使每名工人的产出最大"的原则来安排每个工人的工作进度表。

这种工作安排方法对监督人员十分有用。例如，对于一个仓库来说，可以把工作进度表与送货卡车的出发时间和进货卡车的到达时间联系起来（大客户通常要求供应商的卡车在相当有限的时间段内到达，比如说，30分钟或1个小时，因为这样可减少收货站台的拥挤程度，从而将进入货物的到达时间分布到工作日的各个时刻）。由于整个工作日的各项业务可以预先得到安排，管理人员可以按照日程表将实际进度与安排计划进行比较。如果在8小时一班的第一个小时结束时，完成的工作量少于1/8，监督人员就应该采取措施，以便在第二个小时内赶上进度或至少不再落后。短期工作进度表也可以由中层管理部门用来评价监督的有效性。

（三）物流作业监督

检查与监督技术对企业来说尤为重要，因为企业需要监督接受相同任务的员工，他们的工作技能不尽相同，一些员工比其他员工更需要接受监督。监督人员的目标应该是改进工作质量。

为了提高生产效率，制定一系列强制性的工作守则也是必要的，这样可以防止各个成员在工作方面滑坡。企业可采用物质鼓励手段，有时以奖金的形式发给仓库管理人员，也可以鼓励分员工组成的作业小组。如果某种工作要素得到改善，比如填制订单准确率有提高，也可发放奖金。

在制定工作标准时，另一个应该关心的内容是安全。随着生产量的增加，砸伤工人、砸坏商品或设备的风险事故也会增加。

在对物流人员进行监督时，必须对仓储人员和卡车货运人员区别对待，因为仓储员始终在现场主管人员监督下工作，然而卡车驾驶员一旦到了公路就脱离了直接监督，此外，他们天天与顾客交往，在公路上行驶的时候也会与其他驾驶员来往。因此，对不同类型的工作人员需要采用不同的监督方式。

（四）防偷盗控制

几乎所在企业都会发生盗窃或偷窃的问题。偷窃通常被认为是企业员工偶尔或反复的盗窃行为，被窃物资通常是员工为了自己使用的。而盗窃通常是企业外部的人实施的，尽管有时也可能涉及本企业员工。盗窃是有组织地进行的，偷去的货物很可能是为了倒卖。既然偷窃涉及本企业员工，那么控制措施就必须从聘用开始，并在工作中继续进行必要的监督。

四、评价物流服务

对物流服务部门的评价有许多准则。一般来说，最重要的是识别评价物流服务部门有效性的尺度。当然，这只是第一步，识别了各种效率因素以后，应该给各因素以不同的优先级并开发特定的机制来评价物流服务部门的有效性。也就是说，管理者识别他所希望利用的物流服务部门有效性的尺度，并按照一定的规则赋予它们优先级。在评价过程中，使用所有的有效性尺度是不现实的，由于时间和资金的限制，显然不可能搜集并监控所有需要的数据。通常来说，评价一部分可得的尺度已足够。

在评价物流服务有效性时，所选择的尺度取决于物流服务的特性和要求，也许最困难的就是开发评价效率准则的技术和步骤。评价物流服务部门有效性时，须考虑多种因素，并且建立起评估标准。最后，还应该与行业内其他物流服务部门进行比较。

1. 预先设定评价标准

每一个指标都应该通过预先设定的标准来评价，因此，企业应该建立自己的评价标准。通常，企业的标准应该以同行业的其他企业，或者有相同特征的其他行业中的领先企业为基础。这是因为，企业应该深刻了解自身在竞争中的地位。

2. 成本—销售额比评价

企业常用成本—销售额比来评价物流服务部门的有效性，但是，单独使用这个比率往往并不能确定物流服务部门的工作是否有效。比如，在零售业中，常计算运输成本在销售额中的百分比，但哪怕顾客买到了错误的产品或发生了严重的标低价格的问题，在运输成本中都不能得到反映，依照运输成本来评价物流服务部门的有效性就不能体现真实情况。企业在衡量成本效益的时候，所有的物流成本都应该计算在内。由于不同企业的管理者对物流成本的理解不同，计算时的涵盖面也有差异，因此，比较企业间成本—销售额比的时候，应该对各自的归类方式有清晰的认识。

3. 对物流经理的评价

物流服务评价的一项重要内容是对物流管理人员（物流经理）的评价，一般评价三点。

（1）直接管理能力。这一指标考虑的是物流管理人员对日常运作的管理以及他们达成生产率、设备利用率及预算等目标的能力。

（2）解决问题能力。这一指标要求物流管理人员有诊断运作中出现问题的能力，有寻找对策降低成本、提高客户服务水平和客户满意度的能力。

（3）项目管理能力。这是指物流管理人员设计并领导项目组来纠正问题、提高生产率、追求更大收益的能力。

4. 物流服务政策的评价

对于物流服务政策的评价，可采用物流服务政策评价表，该表运用系统的提问方式，联系企业实际情况，引导企业管理人员进行检查、分析、综合，据此制定本企业相对全面的物流服务政策。销售条件和物流服务政策有相互重叠的部分。物流服务政策的一些要素可能受到法律或商业惯例的影响，在这方面，每个企业都应根据各自的具体情况来处理。

第三节　物流服务改善

一、物流服务改善的基本原则

1. 树立全新的物流服务观念

确定物流服务水平不能从供给方的需求出发，而应该充分考虑需求方的需求,即从产品导向向市场导向转变。产品导向型的物流服务由于是根据供给方自身决定的,一方面,难以真正针对顾客的需求,容易出现服务水平设定失误;另一方面,也无法根据市场环境的变化和竞争格局的变化及时加以调整。市场导向型的物流服务正好相反,它是根据经营部门的信息和竞争企业的服务水平制定的,既避免了过剩服务的出现,又能及时进行控制。在市场导向型物流服务中,通过与顾客面谈、顾客需求调查、第三方调查等,寻求顾客最强烈的需求愿望,是确定物流服务水平的基本方法。

2. 注重物流服务的发展性

顾客需求的变化,往往会带来新的物流服务需求,所以在物流服务管理中,应当充分重视物流服务的发展方向和趋势。例如,虽然以前就已经开始实施库存、出入货、商品到达时间、断货信息、在途信息、货物追踪等管理活动,但是,随着交易对象(如零售业务)的简单化、效率化革新,信息服务成为物流服务的核心因素。

3. 重视物流服务与社会系统的吻合

物流服务不完全是企业自身的一种经营行为,它必须与整个社会系统相吻合。物流服务除了要考虑供应物流、企业内物流、销售物流,还要认真研究旨在保护环境、节省能源、回收废弃物的物流,所以,物流服务的内容十分广泛。这是企业社会市场营销发展的必然结果,即企业行为的各个方面都必须符合伦理和环境的要求,否则,经济发展的持续性难以实现。

4. 建立能把握市场环境变化的物流服务管理体制

物流服务水平是根据市场形势、竞争企业的状况、商品特性以及季节的变化而变化的,所以,在物流部门建立能把握市场环境变化的物流服务管理体制十分必要。在欧美，由于顾客服务中包含了物流服务，因此，相应的管理责任也是由顾客服务部门承担的。

5. 加强物流服务的绩效评价

对物流服务绩效进行评价的目的在于不断适应客户需求的变化，及时制定最佳的客户服务组合，所以了解客户满意度、改善物流系统是物流服务中的关键要素。对物流服务实施绩效评价应当制度化。此外，还需要关注的是销售部门或客户是否对物流现状不满，所设定的服务水准是否实现，在物流成本上应保持多大的合理性等问题。

二、推进物流服务合理化

（一）物流服务合理化的目的

企业的物流服务活动是从原料的采购到商品的生产、销售，即与企业的一切活动有关的。根据原料的采购进行生产，通过生产创造商品，商品通过销售到达消费者手中。在这里，物流服务是作为上述活动的连接物而存在的。对于生产，物流服务起到促进结构合理和节约生产费用的作用；对于销售，通过物流服务提供消费者认为合适的价格和服务。同时，利用物流服务，企业用能够带来利润的价格向消费者提供商品。在这种场合，物流服务的合理化将直接带来物流服务效率的提高与物流成本的降低，但不会降低物流服务质量。

对于企业来说，生产规模的大型化能够带来适度规模效益及成本的降低，但同时，由此导致的库存增加而占用的费用，又必须靠扩大销售量来解决。不过，与销售量相关的费用会由于销售量的扩大而增加，这势必给企业加重费用上的负担。因此，企业逐渐将目标转到用推进物流服务合理化来降低价格，提高物流服务效率、水平的方向上来。

对于物流服务合理化，重要的是调整价格政策和服务水平。例如，向外地市场运送商品时，如果采用低成本运送手段，往往会花费很多时间，这就与顾客要求快速运送产生矛盾。而其对策是，在市场附近配备仓库，并利用低成本的运送手段进行长距离运输，而从仓库到消费地之间的运输则采用高成本、迅速的服务。

不过，利用这种方法会因仓库管理而增加库存费用，而且，为了促进销售，满足消费者的不同需要，商品的包装有所不同，使运输部门和仓库的空间不能有效利用，出现服务和成本相矛盾的问题。为了解决这样的矛盾，必须从总成本入手，尽可能减少企业利益的损失，推进物流服务合理化。

过去的物流服务活动总是把运输、保管、装卸、包装分别进行管理并推进其合理化、效率化，现今则要把物流服务的各项活动进行综合，看作一个整体进行合理化，即对于企业来说，既要从总费用研究入手，又要从物流服务的系统化入手来推进综合物流服务的合理化，以此提高效率。

（二）物流服务合理化的手段

物流服务合理化是依据计划，为了达到物流目的而设计的各要素相互统一的合理化。其基本特点有：①物流服务系统作为整体具有一定的目的。②构成物流服务系统的子系统及单位要素，是为了实现物流服务系统总目的的必要机能。③物流服务系统是作为总系统的子系统进行运转的。④物流服务系统通过信息的传递进行控制。

推进具有上述特点的物流服务合理化的方法是：第一，依据现状分析、把握问题，进而根据改善政策建立起物流运营机构，即通过现有资料的搜集分析、听取各关系部门的汇报及实际调查进行现状分析,找出问题。第二,把问题分类整理,按重要程度进行排列,确定分析范围及目的。第三,对所有改革方案进行研究、评价,最后在物流系统中实施合理化。

企业的经营管理按照计划、实施、评价、改善的循环运行,如图4-6所示。

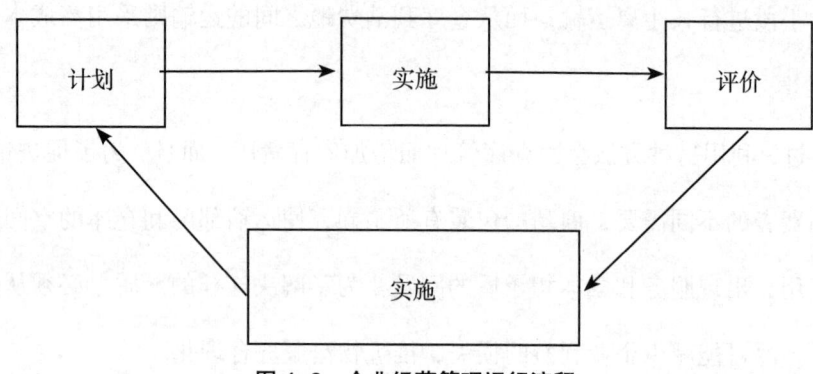

图4-6 企业经营管理运行流程

物流服务管理流程则可按照了解物流服务现状、对物流服务进行评估、拟定服务内容、定期对顾客满意度进行评估、重新构建物流系统的顺序来进行,如图4-7所示。

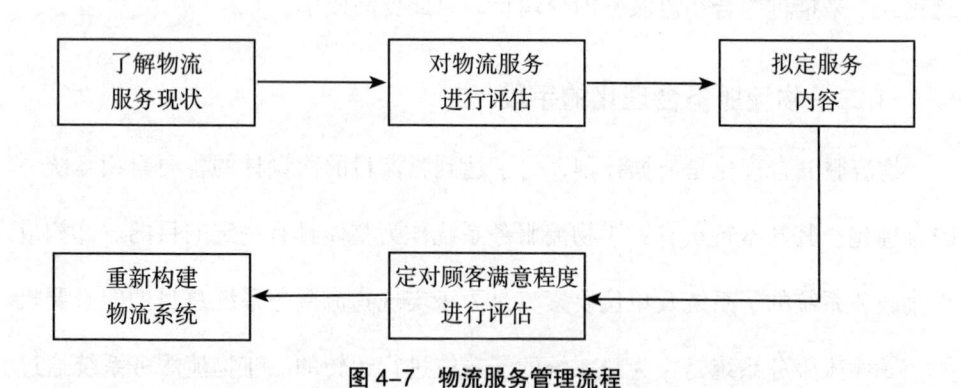

图4-7 物流服务管理流程

大量化、计划化、简单化、协作化、标准化等是企业物流服务系统化、合理化的基本原则。物流服务系统化、合理化必须遵从以上原则或将几个原则相组合,并加以实施。

（1）大量化的物流服务合理化。通过一次性处理大量货物来达到物流服务系统合理化的目的。

（2）计划化的物流服务合理化。通过有计划地实施物流活动，达到物流服务合理化的目的。例如，实现计划运输、配送活动的路线，采用运行图配送等有计划配送的系统。

（3）简单化的物流服务合理化。从生产到消费的商品流通过程，一般要经过多个阶段，而依据商、物分离的原则，通过减少物流过程的中间环节，使其简单地到达客户手中，以实现物流合理化。

（4）协作化的物流服务合理化。通过物流业务的协作来推进物流服务合理化。例如，处于某城市中的批发商，为了避开城市的交通混乱的局面而采取共同配送的方式来提高配送效率。

（5）标准化的物流服务合理化。通过物流服务活动及相关要素的标准化，实现物流服务合理化的目的。例如，采用包装标准化、托盘规格化及一次订货单位量的标准化，提高作业效率，使物流服务趋向合理。

三、现代物流服务

现代物流服务离不开传统的物流服务活动，但现代物流服务在传统物流服务的基础上，通过向两端延伸而有了新的内涵，是各种新的服务理念的体现。具体来说，现代物流服务主要体现在一体化物流服务、增值物流服务、虚拟物流服务、差异化物流服务、绿色物流服务、物流创新服务等方面。现代物流服务的服务内容和服务理念将在实践中逐步完善和拓展。

（一）一体化物流服务

一体化物流服务也称集成式物流服务或综合物流服务。国家标准《物流术语》（GB/T 18354-2021）对一体化物流服务的定义是"根据客户需求所提供的多功能、全过程的物流服务"，它是一种集成各种物流功能，为最大限度地方便客户、服务客户而推出的服务模式。一体化物流服务不是对物流功能的简单组合，它体现的是"一站式服务"，体现的是以顾客为中心的物流服务理念。客户只需在一个物流服务点办理一次手续，其物流业务就可得到办理。也就是说，客户只需要找一位物流企业的业务员，或进一家物流公司的一个部门，办理一次委托，就可以将极其繁杂的物流服务交付给物流企业处理，物流企业便可以按客户的要求完成这笔业务。"一站式服务"的最大优点是方便客户。其追求的目标是让客户找的人越少越好，让客户等的时间越短越好，让客户来企业的次数越少越好。为实现这些目标，要求物流企业全球营销网络中的每一个服务窗口全部接受业务，并完成客户原先需在几个企业或几个部门、几个窗口才能完成的操作手续。这便对现代物流企业的服务能力、服务体系提出了很高的要求。

（二）增值物流服务

增值物流服务是随着第三方物流的兴起而逐渐引起人们注意的一个词。国家标准《物流术语》（GB/T 18354-2021）对增值物流服务的定义为："在完成物流基本功能的基础上，根据客户需求提供的各种延伸业务活动。"也就是说，物流增值服务是根据客户需要，为客户提供的超出常规服务范围的服务，或者采用超出常规的服务方法。超出常规、满足客户需要是增值性物流服务的本质特征，它主要包括以下几种类型：

（1）增加便利性的服务。尽可能地简化手续、简化作业，方便客户，让客户满意。推行"一条龙"、门到门服务，提供完备的操作或作业提示、免培训、免维护、省力设计或安装、代办业务、一张面孔接待客户、24小时营业、自动订货、物流全过程追踪等服务。

（2）加快反应速度是让客户满意的重要服务内容。与传统的单纯追求快速运输的方式不同，现代物流通过优化物流服务网络系统、配送中心或重新设计流通渠道，减少物流环节，简化物流过程，提高物流系统的快速响应能力。

（3）降低成本的服务。帮助客户企业发掘第三利润源，降低物流成本，如采用比较适用但投资比较少的物流技术和设施设备等。

（4）其他延伸服务。物流企业在为客户提供物流服务的同时，可以向上延伸到市场调查与预测、采购及订单处理，向下延伸到配送与客户服务等，横向延伸到物流咨询与教育培训以及为客户提供物流系统的规划设计服务、代客结算收费服务等。

（三）虚拟物流服务

国家标准《物流术语》（GB/T 18354-2021）对虚拟物流的定义是"以计算机网络技术进行物流运作与管理，实现企业间物流资源共享和优化配置的物流方式"。虚拟物流的实现形式从一般意义上讲就是构建虚拟物流组织，通过这种方式将物流企业、承运人、仓库运营商、产品供应商及配送商等通过计算机网络技术集成到一起，提供"一站式"的物流服务，从而有效改变单个企业在物流市场竞争中的弱势地位。

虚拟物流的技术基础是信息技术，以信息技术为手段为客户提供虚拟物流服务。虚拟物流的组织基础是虚拟物流企业，通过电子商务、信息网络化将分散在各地的分属不同所有者的仓库、车队、码头、路线通过网络系统地连接起来，使之成为虚拟仓库、虚拟配送中心，进行统一管理和配套使用。

（四）差异化物流服务

差异化物流服务是现代物流企业对市场柔性反应的集中体现，也是现代物流企业综合素质和竞争能力的体现。一般情况下，它会为物流企业带来比普通物流服务更高的利润回报。

现代物流的差异化服务包括三方面的含义：一是同行业不同企业的情况有差别，因而其各自所需的物流服务内容与水平要求就有区别。二是企业所处的行业不同，其物流服务的需求差别就更大，从而就有了现在所细分的家电物流、医药物流、食品物流、汽车物流、烟草物流、农产品物流等不同的物流服务形式，这就要求我们必须依据各行业的实际情况区别对待。三是物流企业为客户提供某些专营或特种物流服务，如对化工、石油、液化气及其他危险物品、鲜活易腐品、贵重物品等，开展专营或特种的物流服务。

（五）绿色物流服务

绿色物流是融合了环境可持续发展理念的物流活动，是指在物流过程中抑制物流对环境造成危害的同时，实现对物流环境的净化，使物流资源得到充分利用，创造更多的价值，具体包括集约资源、绿色运输、绿色仓储、绿色包装、逆向物流等。

绿色物流的目标之一是以最小能耗和最少的资源投入，创造最大的利润；目标之二是在物流系统优化的同时控制物流体系对环境的污染。现代物流中的绿色服务要求企业在向客户提供物流服务时要遵循绿色化原则，采用绿色化的作业方式，尽力减少物流过程对环境造成的危害。同时把效率放在首位，尽量降低物流作业成本，力争以最小的能耗和最少的资源投入为客户提供满意的服务，为企业和客户创造出最大的利润。

（六）物流创新服务

现代物流的创新服务就是现代物流服务提供者运用新的物流生产组织方式或采用新的技术，开辟新的物流服务市场或为物流服务需求者提供新的物流服务内容。创新是现代企业生存与发展的永恒主题，离开了创新，现代企业的发展就无从谈起，因此，创新服务理念也是现代物流最重要的新理念之一。

第四节　第三方物流

一、第三方物流概述

第三方物流的概念来源于管理学中的"外包"（Out-souring），即利用外部资源为企业内部的生产经营服务。将 Out-souring 引入物流管理领域，就产生了第三方物流的概念。《物流术语》（GB/T 18354-2021）对第三方物流（Third Party Logistics，简写为 TPL/3PL）的定义是："独立于供需双方以外为客户提供专项或全面的物流系统设计或系统运营的物流服务模式。"第三方是物流交易双方的部分和全部物流功能的外部服务提供者。第三方物流是物流专业化的一种形式，是发达国家广泛流行的物流新概念。现代意义上的第三方物流活动除具备传统的储运、配送等基本功能外，还包括制定物流战略、开发物流系统、交换物流数据、管理物流信息、物流咨询和设计、物流执行以及管理客户供应链中的物流需要等功能。

要了解第三方物流，首先要了解第一方物流和第二方物流。物流的第一方是指物流服务的需求方，即客户，包括制造企业和流通企业等，是大量物流服务的需求者。第一方物流是指物流服务的需求方由于自身的物流能力强大，并且物流对自己企业非常重要，因而由自己承担物流的运作与管理，不外包，如沃尔玛和海尔等企业。物流的第二方是物流服务基本能力的提供方，即运输、仓储、流通加工等基础物流服务的提供者，是物流基础服务的供应商。这要与商品链的上游供给方相区别。第二方物流企业一般拥有物流运作的基本的、核心的资源，提供基本的、单环节的、标准化的物流服务。第三方物流是通过整合第二方的资源和能力为第一方提供专业化、一体化、个性化物流服务的现代物流组织。第三方物流处于物流供应链的中间位置，是现代物流的管理者和领导者。第三方物流示意如图 4-8 所示。

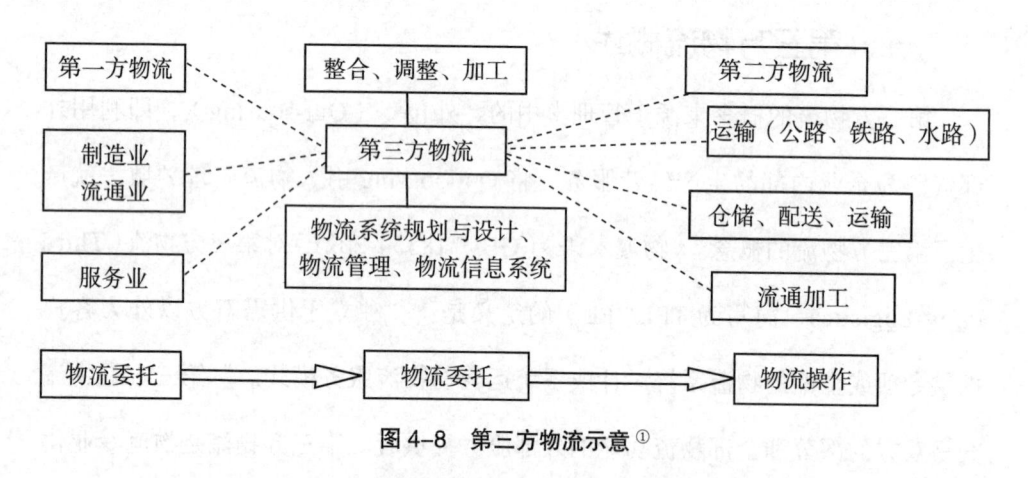

图 4-8　第三方物流示意[①]

为了便于理解，下文从不同角度对第三方物流进行描述。

1. 从服务的内容看

从服务的内容来讲，第三方物流企业侧重于为客户提供一体化的综合物流

---

① 张磊，张雪．物流与供应链管理［M］．北京：北京理工大学出版社，2021．

服务。具体内容既有纵向的连接，也有横向的整合。纵向的连接是指第三方物流企业可以完成从原材料物流、生产线物流到销售物流的完整过程的组织和管理。横向的整合主要体现在对物流服务资源的整合和优化，如运输车队的选择、储运资源的选择等。

2. 从业务运作看

在一个完整的物流服务体系中，第三方物流企业处于客户和包括车队、储运企业等在内的低层专业化物流企业之间，第三方物流企业通过整合低层的物流资源，为客户提供一站式的物流服务。

从运作模式可以看出第三方的本质，即管理型的第三方物流企业是独立于物流服务需求方和物流服务供给方（如专业化车队、专业仓库、配送中心等）之外的一方，具有十分明确的整合和管理内涵。

3. 从客户关系上看

第三方物流不是需求方向物流服务商提出的偶然的、一次性的物流服务采购活动，而是采取委托—承包形式的业务外包的长期合作关系，物流服务提供商与客户之间体现的是一种战略性的合作伙伴关系，这与简单的货运或仓储服务有所不同。在西方，第三方物流服务商是客户企业的战略联盟。

4. 从拥有的运作资产看

管理型第三方物流企业一般不掌握物流运作的核心资源，或自身拥有的资源在整个服务过程所使用的资源中所占的比重比较小。

二、第三方物流服务产品包含的内容

第三方物流的服务内容要从供应链角度去思考，可以从现代物流的源头——生产制造、流通零售的角度,分析它们的物流有哪些功能和环节、有多少环节可以外包。这些可以外包的内容就是第三方物流服务可以考虑的内容。

根据制造业对物流服务的需求,可将物流服务产品分为五大类。

(一)运输服务

1. 运输网络的设计和规划

运输网络的设计和规划是物流服务中技术含量最高的服务。特别是对于全球性的跨国公司而言,其采购、生产、销售和售后服务网络非常复杂,要设计一个高效且在某种程度上协同的运输网络是非常困难的。在技术比较先进的第三方物流公司中,一般都有专门的专家队伍,通过计算机模型完成运输网络设计工作。

2. "一站式"全方位的运输服务

"一站式"全方位的运输服务是由物流公司完成多个运输环节的整合,为客户提供门对门的服务,例如多式联运业务。

3. 外包运输力量

外包运输力量即客户在运输需求上,不采用完全的外包,而是利用第三方物流公司的运输能力,由第三方物流公司为客户提供运输车辆和人员,客户企业自己对运输过程进行控制和管理。

4. 帮助客户管理运输力量

帮助客户管理运输力量即客户企业自己拥有运输力量(如运输工具和人员),但在物流业务外包时,将这些运输能力转包给物流公司,由运输公司负责运输工具的使用和维护,以及运输人员的工作调配。

5. 动态运输计划

动态运输计划是指根据企业的采购、生产和销售情况,合理安排车辆和人员,保证运输的效率和低成本。

6. 报关等其他配套服务

在国际物流业务中,会涉及报关等业务。目前,在国内,提供报关业务的一般有专业报关公司、国际货代公司、进出口公司。第三方物流公司本身拥有报关权的并不多,一般通过与报关公司的合作来为客户提供报关业务。

(二)仓储/配送服务

1. 配送网络的设计

配送网络的设计包括仓库定位、配送中心能力和系统设计等,是仓储/配送类业务中技术含量最高的领域。这部分服务功能可以作为独立的咨询项目存在,也可以作为物流服务整体方案的一部分。

2. 订单处理

订单处理是仓储配送类业务中最常见的第三方物流服务项目。客户企业负责在取得订单后,通过第三方物流企业完成拣货、配货和送货的工作。

3. 库存管理

库存管理是物流管理中最核心、最专业的领域之一,完整的库存管理包括市场、销售、生产、采购和物流等诸多环节。一般企业不会将库存管理全部外包给第三方物流企业,而是由客户企业自己完成库存管理中最复杂的预算和计划部分,但在库存管理的执行环节,第三方物流企业大有作为,例如,与仓储相关的库存管理主要涉及存货的统计、补货策略等。

4. 仓储管理

仓储管理是最常见的传统物流服务项目。

5. 代管仓库

代管仓库是一种比较常见的合作形式。这种情况一般发生在客户企业自己拥有仓库设施，在寻求物流服务商的同时，将自己仓库的管理权一并交给物流企业。

（三）增值服务

增值服务是指根据客户的需求，为客户提供超出常规的服务，或采用超出常规的服务方法提供服务。创新、超常规、满足客户个性化需要是增值服务的本质特征。目前，第三方物流企业提供的增值服务主要包括以下几种：

1. 延迟服务

延迟服务是一种先进的物流模式。企业在生产过程中，在生产线上完成标准化生产，但对个性化的部分，必须根据客户需求进行生产或加工。我国许多第三方物流企业可以提供简单的延迟服务。

2. 零件成套

零件成套是将不同的零件在进入生产线之前完成预装配的环节。例如，汽车制造厂一并委托第三方物流企业管理企业零配件仓库，在零配件上装配线之前，可以在仓库内完成部分零配件的装配业务。

3. 供应商管理

第三方物流企业提供的供应商管理包括两类：一类是对运输、仓储中提供物流服务的供应商的管理，即对第二方物流供应商的管理。另一类是对客户企业的原材料和零配件供应进行的管理。供应商管理通常包括供应商的选择、供应商的供货、供应商产品质量的检验、供应商的结费等。

4. 代付运费

代付运费是第三方物流企业最常见的业务。在第三方物流服务过程中，由第三方物流企业代替客户付运费。在国内，此类收费通常称作代垫代付费用。

5. 支持 JIT 制造

JIT（Just in Time，准时制生产方式）制造是一种新型的第三方物流服务。在 JIT 制造中，第三方物流企业提供的服务包括即时采购运输和生产线的即时供货。

6. 咨询服务

第三方物流企业提供的咨询服务包括物流相关政策调研分析、流程设计、设施选址和设计、运输方式选择、信息系统选择等。

7. 售后服务

售后服务是第三方物流的一个新服务领域，一般包括退货管理、维修、保养、产品调研等。

（四）信息服务

在发达国家，信息服务是第三方物流企业非常重要的服务内容。在我国，由于第三方物流企业的信息系统比较薄弱，因此，提供这类服务有一定难度。第三方物流企业的信息服务一般包括以下内容：

1. 信息平台服务

客户通过第三方物流的信息平台，实现与海关、银行、合作伙伴等的连接，完成物流过程的电子化。我国有些城市目前正在推行电子通关服务，将来大量的第三方物流企业要实现与海关系统的连接，客户可以借助第三方物流企业的信息系统实现电子通关。

2.物流业务处理系统

许多客户使用第三方物流企业的物流业务处理系统（如仓库管理系统、订单处理系统等）完成物流过程的管理。随着物流复杂性的增加和物流业务管理系统的完善，这方面的信息服务还会加强。

3.运输过程跟踪

就目前的市场看，信息跟踪主要集中在运输过程的跟踪。在发达国家，通过 GPS（Global Positioning System）、GIS（Geographic Information System）等跟踪手段，已经做到了对运输过程和订单的实时跟踪。例如，UPS（United Parcel Service）等快递公司为客户提供全程跟踪服务。我国一些先进的第三方物流企业也实施了对运输过程的跟踪。

（五）总体策划服务

目前有一种趋势，就是将物流系统的总体规划内容作为第四方物流的服务范围，成为一个专业化和独立的领域。第三方物流企业一般不同程度地承担了为客户提供物流系统总体规划的工作。为客户进行总体策划，提供物流解决方案，是赢得客户的前提。

三、第三方物流服务产品的特点

1.产品的个性化

如果将第三方物流服务看作一种产品，那么这种产品的最大特点是个性化，即几乎没有两个完全相同的物流服务项目。物流服务的个性化源于物流需求的个性化，这也是第三方物流与第二方物流最大的不同。

2. "每个客户都是重要的"和"100%的服务"

（1）每个客户都是重要的。一般，对于有形产品的客户服务会根据该客户的销售额、信用记录、发展潜力等对客户进行分类，针对不同类型的客户提供不同水平（如订货提前期的长短、订单满足水平的高低、信用额度的大小等）的客户服务。对于销售额大、信用记录良好、发展潜力大的客户，要提供最好的客户服务。这个过程就是客户服务政策的不同设计。

（2）100%的服务。在有形产品的客户服务和第二方物流服务中，一般来讲，客户订单的履行水平不会达到100%。因为要维持高的订单满足水平，成本会很高，第二方物流企业在自身能力有限的情况下，经常会拒绝客户的订单，例如，车辆不足可以拒绝装货，舱位不足可以甩箱。但在第三方物流的合作中，客户的每个服务申请都必须百分之百地完成，这与传统的物流服务项目是有本质区别的。

第五章　供应链中的物流成本管理

成本能真实反映物流活动的实态，是评价所有活动的尺度。企业成本管理的目标是在保证一定物流服务水平的前提下实现物流成本的降低。现代物流认为物流是企业获得利润的第三方源泉，物流成本管理在物流管理中占有重要的地位。

第一节　物流成本管理概述

一、物流成本管理的含义

物流成本是指伴随着企业的物流活动而发生的各种费用，是物流活动中所消耗的物化劳动和活劳动的货币表现，也称物流费用。具体来说，它是产品在实物运动过程中，如包装、装卸搬运、运输、储存、流通加工等各个活动中所支持的人力、物力和财力的总和。物流成本由三部分构成：第一，伴随着物资的物理性活动发生的费用，以及从事这些活动所必需的设备、设施的费用；第二，物资信息的传送和处理活动发生的费用，以及从事这些活动所必需的设备和设施的费用；第三，对上述活动进行综合管理的费用。

物流成本管理（Logistics Cost Management）是以物流成本信息的产生和利用为基础，按照物流成本最优化的要求，有组织地进行预测、决策、计划、控制、分析和考核等一系列的科学管理活动。物流成本管理就是通过成本去管理物流，即管理的对象是物流而不是成本，物流成本管理可以说是以成本为手段的物流管理方法。物流成本管理的意义在于通过对物流成本的有效把握，利用物流要素之间的效益背反关系，科学、合理地组织物流活动，加强对物流活动过程中费用支出的有效控制，降低物流活动中的物化劳动和活劳动的消耗，从而达到降低物流总成本、提高企业和社会经济效益的目的。

二、物流成本管理的目的

企业在进行物流成本管理时，首先要明确管理目的，有的放矢。一般情况下，企业物流成本管理的出发点有四点：一是通过掌握物流成本现状，发现企业物流活动中存在的主要问题。二是对各个物流相关部门进行比较和评价。三是依据物流成本计算结果，制定物流规划、确立物流管理战略。四是通过物流成本管理，发现降低物流成本的环节，强化总体物流管理。

三、物流成本管理的方法

控制和降低企业物流成本可以从六个方面来考虑：一是通过采用物流标准化来进行物流成本管理。二是通过优化供应链，加强对顾客物流服务的管理来降低成本。三是借助现代信息系统来降低物流成本。四是从流通全过程的试点来加强物流成本的管理。五是通过效率化的配送来降低物流成本。六是通过削减退货来降低物流成本。

四、物流成本管理的内容

物流成本管理的具体内容包括物流成本核算、物流成本预测、物流成本决策、物流成本计划、物流成本控制、物流成本分析等。

1. 物流成本核算

物流成本管理的前提是物流成本核算。物流成本核算是根据企业确定的物流成本计算对象，采用相应的成本计算方法，按规定的成本项目，通过一系列的物流费用汇集与分配，计算出各物流活动成本计算对象的实际总成本和单位成本。通过物流成本计算，可以如实地反映生产经营过程中的实际耗费，同时，也是对各种活动费用实际支出的控制过程。

2. 物流成本预测

物流成本预测是根据有关成本数据和企业具体的发展情况，运用一定的技术方法，对未来的成本水平及其变动趋势进行科学的估计。成本预测是成本决策、成本计划和成本控制的基础工作，可以提高物流成本管理的科学性和预见性。在物流成本管理的许多环节，都存在成本预测问题，如仓储环节的库存预测、流通环节的加工预测、运输环节的货物周转量预测等。

3. 物流成本决策

物流成本决策是在物流成本预测的基础上，结合其他有关资料，运用一定的科学方法，从若干个方案中选择一个满意方案的过程。从物流整个流程来说，有配送中心新建、改建、扩建的决策，装卸搬运设备、设施的决策，流通加工合理下料的决策等。进行成本决策、确定目标成本是编制成本计划的前提，也是实现成本事前控制、提高经济效益的重要途径。

4. 物流成本计划

物流成本计划是根据物流成本决策所确定的方案、计划期间的生产任务、降低成本的要求以及有关资料，通过一定的程序，运用一定的方法，以货币形式规定计划期间物流环节耗费水平和成本水平，并提出保证成本计划顺利实现所采取的措施。通过计划管理，企业可以降低物流环节，加强成本管理责任制，增强成本意识，控制物流环节费用，挖掘降低成本的潜力，保证降低物流成本目标的实现。

5. 物流成本控制

物流成本控制是根据计划目标，对物流成本发生和形成过程以及影响成本的各种因素和条件施加一定的影响，以保证实现物流成本计划的一种行为。从企业生产经营过程来看，成本控制包括成本的事前控制、事中控制和事后控制。成本的事前控制是整个成本控制活动中最重要的环节，直接影响以后各作业流程的成本。成本的事前控制活动主要有物流配送中心的建设控制，物流设施、设备的配备控制，物流作业过程改进控制等。成本的事中控制是对物流作业过程中实际劳动耗费的控制，包括设备耗费的控制、人工耗费的控制、劳动工具耗费和其他费用支出的控制等方面。成本的事后控制是通过定期对过去某一段时间成本控制的总结、反馈来控制成本。通过成本控制，及时发现存在的问题，采取纠正措施，保证成本目标的实现。

6. 物流成本分析

物流成本分析是在物流成本核算及其他有关资料的基础上，运用一定的方法，揭示物流成本水平的变动，进一步查明影响物流成本变动的各种因素。通过物流成本分析，企业可以采取有效的措施，合理地控制物流成本。

上述各项物流成本管理活动是一个互相配合、相互依存的有机整体。成本核算是基础；成本预测是成本决策的前提；成本计划是成本决策所确定目标的具体化；成本控制是对成本计划的实施进行监督，以保证目标的实现；成本分析是对目标是否实现的检验。

第二节　物流成本核算与分析

一、物流成本的分类

在进行物流成本核算时，必须对其进行科学的分类。物流成本常见的分类方法有以下几种：

（一）按物流成本支付形态分类

根据物流成本支付形态划分，企业物流总成本由委托物流成本和企业内部物流成本构成。其中，企业内部物流成本按支付形态可分为材料费、人工费、维护费、一般经费和特别经费。按支付形态记账，可以了解物流成本总额，也可以了解什么项目花费最多，对于认识物流成本合理化的重要性、确定物流成本管理的重点十分有利。

（二）按物流功能分类

按物流功能计算物流成本，即从物流功能的角度来掌握物流成本，分别按运输、仓储、包装、装卸搬运、流通加工、物流信息和物流管理功能来计算物流成本。按物流功能计算物流成本可以看出哪种功能更消耗成本，比按物流成本支付形态计算成本的方法更能进一步找出物流活动不合理的症结，而且可以计算出标准物流成本，如按单位个数、容器或重量计算出单位成本，进行作业管理，设定合理化目标。

（三）按物流成本产生范围分类

按物流成本产生的范围划分，物流成本由供应物流成本、企业内物流成本、销售物流成本、回收物流成本及废弃物物流成本构成。

（四）按适用对象分类

按适用对象计算物流成本，可以分析出物流成本都用在哪一种对象上，如可以分别把商品、顾客、地区或营业单位作为适用对象来进行计算。

以商品为对象计算物流成本，是指把按功能计算出来的物流费用按照一定的标准分配给各类商品，从而计算物流成本；以顾客为对象计算物流成本的方法，可以作为选定顾客、确定物流服务水平等制定顾客战略的参考。

按地区或营业单位来计算物流成本的方法，就是要计算出各个地区或营业单位的物流成本，并与相对应的地区或营业单位的销售收入进行对比，可用来确定每单位销售收入所要承担的物流费用，了解各地区或营业单位物流成本中存在的问题，以加强管理。

二、物流成本核算的方法

（一）会计方式的物流成本核算

会计方式的物流成本核算，按照操作模式不同可进一步细分为以下三种具体方法：

1. 建立独立的物流成本核算体系

建立独立的物流成本核算体系，指的是独立于现行会计核算体系之外，建立专属于物流成本的凭证、账户和报表体系。也就是企业实行两套账管理，一套为会计账,由记账会计人员负责;一套为专门的物流成本账,由物流成本核算人员负责。这种方法能在不改变现行财务会计核算制度和体系下,全面系统地提供物流成本信息。但实施起来存在重复记账、工作量大等问题,且没有统一的核算物流成本财务规范,对核算人员素质要求较高。该方法要求企业人员充足,设有物流成本核算专岗,并在计算机软件配合下运用。

2. 结合财务会计体系的物流成本一级账户核算

结合财务会计体系的物流成本一级账户核算,是在现行会计核算体系下,把物流成本从原有的与之相关的账户里分离出来,增设"物流成本"一级账户。该账户进一步按物流领域和功能分别设置明细账,借方登记平时发生的各种物流成本,贷方登记月末还原分配转出至有关成本费用账户的物流成本,月末一般无余额。这种方法的优点是能避免两套账的重复工作量,在不影响会计信息真实性的情况下,全面系统地提供物流成本信息。缺点是实施起来要改变和调整现有的产品成本计算体系和财务会计核算方法,且分离物流成本的工作没有统一规范,对核算人员的会计和物流知识水平要求极高。该方法要求企业在制定本企业有关分离、归集、还原、分配转出物流成本的具体操作规范的前提下,配备同时具有会计和物流成本知识的核算人员。

3. 结合财务会计体系的物流成本二级账户核算

结合财务会计体系的物流成本二级账户核算,是在不影响现行财务会计核算、不纳入现行成本计算的情况下,在相应的成本费用一级账户下设置"物流成本"二级账户,以此对物流成本进行账外和辅助计算、记录,月末只要归集各物流成本的二级账户即能得出总物流成本。这种方法能在不影响现行财务会计和成本会计核算体系下,全面系统地提供物流成本信息,且核算方法和工作量都较前两种方法更简单易行。但该方法所涉及的"物流成本"二级账户的设置、登记、计算没有统一规范，对核算人员的物流知识水平要求较高。该方法适于在企业制定好企业有关"物流成本"二级账户设置、登记、计算的具体操作规范，配备同时具有会计和物流成本知识的核算人员的情况下运用。

（二）统计方式的物流成本核算

统计方式的物流成本核算，是在不改变但依赖于财务会计核算的基础上，在期末（月末、季末或年末）运用统计原理，通过对已有的会计核算资料进行分析，找出物流成本，再按物流管理的要求对其进行归类、分配、汇总，计算出物流总成本。

这种方法的优点是不改变现行财务会计核算体系，不会增加会计核算的工作量；缺点是与其他方法相比核算不够全面系统、结果不够准确，且分析、分离、分配物流成本的难度大，对核算人员的会计和物流知识水平要求极高。该方法适于在企业配备同时具有会计和物流成本知识的核算人员，并对具体操作进行规范的情况下运用。

（三）会计统计相结合方式的物流成本核算

会计统计相结合方式的物流成本核算，是在不影响现行财务会计核算体系下，运用统计原理分析会计核算资料，通过增设"物流成本"辅助账户来归集物流成本。国家标准《企业物流成本构成与计算》（GB/T 20253—2006）对企业物流成本的计算进行了规范，所采用的就是这种核算方法。

（1）对于可从现行成本核算体系中予以分离的物流成本，核算的步骤为：先设"物流成本"辅助账户，按物流成本项目、范围来分设二、三级账户；再分析企业会计核算中的全部成本费用账户，从中找出物流成本的内容，并在期中或期末（月末、季末、年末）将其归集至"物流成本"账户；最后通过填制统一格式的物流成本表来汇总企业物流成本。

（2）对于无法从现行成本核算体系中予以分离的物流成本，要采用相应的公式计算得出。

这种方法能在不影响会计核算的同时提供物流成本信息，最关键是有国家标准规范的核算步骤，操作性强。但其工作量也不小，且涉及分析、归集、重新分配和汇总，对人员素质要求较高。企业应配备具有会计和物流知识的核算人员，在国家标准的指导下运用该方法。

（四）作业成本方式的物流成本核算

作业成本方式的物流成本核算，是通过作业成本方式，将物流间接成本和辅助资源更准确地分配到物流作业、运作过程、产品、服务及顾客中的一种成本计算方法。其核算的基础是"成本驱动因素"理论：产品生产消耗作业并导致作业的发生，作业消耗资源并导致成本的发生。其本质是要确定分配间接费用的合理基础——作业，引导管理人员将注意力集中于发生成本的原因——成本动因上，改变管理人员仅关注成本本身的思想。

作业成本法以作业为最基本的核算对象，进行成本分析时可以细化到作业，有利于企业发现增值作业与不增值作业，优化作业链和价值链，能为企业成本管理和控制提供更精准、更有效用的成本信息。但同时作业成本法所能带来的收益要较长的时期才能显现，而且没有客观的计量依据，无法准确地计量。要实施这种方法，必须配合较高的人力物力成本，工作量大，计算结果还依赖于成本资料的精确性，并在成本分摊时不可避免地存在主观因素。

第三节　物流成本预测与决策

一、物流成本预测

（一）物流成本预测的含义

物流成本预测是指依据物流成本与各种技术经济因素的依存关系、发展前景及采取的各种措施，采用一定的科学方法，对未来期间物流成本水平及其变化趋势进行科学的推测和估计。

物流成本预测是物流成本决策、物流成本预算和物流成本控制的基础，可以提高物流成本管理的科学性和预见性。物流成本管理的多个环节存在成本预测的问题，如运输成本预测、仓储成本预测、装卸搬运成本预测、配送成本预测等。

物流成本预测能使企业对未来的物流成本水平及其变化趋势做到"心中有数"，并能与物流成本分析一起为企业的物流成本决策提供科学的依据，以减少物流成本决策中的主观性和盲目性。

（二）物流成本预测的分类

1. 按预测的期限分类

按照预测的期限，物流成本预测可以分为长期预测和短期预测。长期预测指对一年以上期间进行的预测，如三年或五年；短期预测指对一年以下的预测，如按月、按季度预测。

2.按预测的内容分类

按照预测的内容，物流成本预测可以分为制订计划或方案阶段的物流成本预测、计划实施阶段的物流成本预测。

3.按物流不同功能环节分类

按照物流不同功能环节，物流成本预测可以分为运输成本预测、仓储成本预测、装卸搬运成本预测、流通加工成本预测、包装成本预测、配送成本预测等。

（三）物流成本预测的方法

物流成本预测的方法很多，它随预测对象和预测期限的不同而各异，但总体来看，基本方法包括定性预测方法和定量预测方法两大类。在实际应用中，定性预测方法与定量预测方法并非相互排斥，而是相互补充的，两者可以结合应用，即在定量分析的基础上，考虑定性预测的结果，综合确定预测值，从而使最终的预测结果更加接近实际。

1.定性预测方法

定性预测方法是预测者根据掌握的专业知识和丰富的实践经验，运用逻辑思维方法对未来成本进行预计推断的各种方法的统称。由于此类方法是利用现有资料，依靠预测者的素质和分析能力所进行的直观判断，因此也称直观判断法，具体包括德尔菲法、一般预测法、市场调研法、小组共识法和历史类比法等。定性预测方法简便易行，预测的速度较定量分析要快，常常在企业缺少完备、准确的历史资料，或难以进行定量分析的情况下采用。

2.定量预测方法

定量预测方法是根据历史资料及成本与影响因素之间的数量关系，通过建立数学模型来预计未来成本的各种预测方法的统称。定量预测方法按照成本预测模型中成本与相应变量的性质不同,又可分为趋势预测方法和因果预测方法两类。

趋势预测方法是按时间顺序排列有关的历史成本资料,运用一定的数学方法和模型进行加工计算并预测的各类方法,具体包括简单平均法、加权平均法和指数平滑法等。这类方法承认事物发展规律的连续性,将未来视为历史的自然延续,因此又称外推分析法。

与趋势预测方法不同,因果预测方法是根据成本与其相关因素之间的内在联系,建立数学模型并进行分析预测的各种方法,具体包括本量利分析法、投入产出分析法、回归分析法等。这类方法的实质是利用事物内部因素发展的因果关系来预测事物发展的趋势。

二、物流成本决策

(一)物流成本决策的含义

物流成本决策是指针对物流成本,在调查研究的基础上确定行动的目标,拟定多个可行方案,然后运用统一的标准,选定适合本企业的最佳方案的全过程。决策是行动的基础,正确的行动来自正确的决策。在物流活动中,决策贯穿物流管理工作的全过程。正确的决策必须建立在认识和了解企业内部条件和外部环境的基础上,首先必须按照决策的程序和步骤进行操作;其次,要运用适当的技术和方法,才能做出正确的决策。

(二)物流成本决策的分类

根据决策学理论,物流成本决策可以归纳为以下四种类型:

1. 战略决策和战术决策

战略决策是指关系到全局性、方向性和根本性的决策，产生的影响深远，在较长时间内会对企业的物流成本产生影响。企业运输、配送线路的规划，仓库、配送中心的选址，仓库采取租赁还是自建等问题，就属于战略决策。战术决策是为了保证战略决策的实施，对一些带有局部性、暂时性或者其他执行性质的问题所作的决策。

2. 规范性决策和非规范性决策

规范性决策是指在管理工作中，经常遇到的一些重复性的问题，这些问题凭借现有的规章制度就可以解决。非规范性决策是指针对偶然发生的或初次发生的非例行活动所作的决策，这类决策往往依赖于决策者的经验和判断能力。

3. 单目标决策和多目标决策

决策目标只有一个，就称为单目标决策。决策目标不止一个，就称为多目标决策。

4. 确定性决策、风险性决策和不确定性决策

确定性决策方法的特点是只有一种选择，决策没有风险，只要满足数学模型的前提条件，数学模型就会给出特定的结果。企业常用的本量利分析，就属于确定性物流成本决策。风险性决策是指决策中的未来事件的各种自然状态的发生具有不确定性，但可以预测出各种自然状态出现的概率，风险性决策方法可以采用期望值决策法和决策树法。不确定性决策是指在对决策问题的未来不能确定的情况下，通过对影响决策问题变化的相关因素分析，估计有几种可能发生的自然状态，计算其损益值，按一定的原则进行选择的方法。

（三）物流成本决策的方法

物流成本决策的方法很多，最常用的有本量利分析法，期望值决策法，决策树法，乐观准则、悲观准则、后悔值准则，成本无差别点分析法，重心法，差量分析法，线性规划法等。

1. 本量利分析法

本量利分析法是针对确定性决策的一种求解方法。它是研究决策方案的生产成本、销量与利润之间的函数关系的一种数量分析方法，是从目标利润或目标成本出发，来确定合理的物流业务量或业务规模的方法。

2. 期望值决策法

期望值决策法是针对风险性决策的一种求解方法。它以收益和损失矩阵为依据，分别计算各种可行方案的期望值，选择其中收益值最大的方案作为最优方案。在某一方案确定的情况下，根据不同的状态可能出现的概率可计算出期望值。

3. 决策树法

决策树法也是针对风险性决策的一种求解方法。它是对决策局面的一种图解，是按一定的方法绘制好决策树，用树状图来描述各种方案在不同自然状态下的收益，然后用反推的方式进行分析，据此计算每种方案的期望收益，从而进行决策的方法。

4. 乐观准则、悲观准则、后悔值准则

乐观准则、悲观准则、后悔值准则是针对不确定性决策的一种求解方法。乐观准则也称大中取大法；悲观准则也称小中取大法；后悔值准则需要计算后悔值。后悔值也称机会损失值，是指在一定自然状态下由于未采取最好的行动方案，失去了取得最大收益的机会而造成的损失。

5. 成本无差别点分析法

成本无差别点分析法就是对不同的备选方案首先计算成本无差别点，然后把它作为数量界限来筛选最优方案的一种决策分析方法。成本无差别点是指两个备选方案在总成本相等时的业务量。当预计业务量低于成本无差别点时，固定成本较小、单位变动成本较大的方案为较优方案；当预计业务量高于成本无差别点时，固定成本较大、单位变动成本较小的方案为较优方案。

6. 重心法

重心法是一种模拟方法，它是将物流系统中的需求点和资源点看成分布在某一平面范围内的物体系统，将各点的需求量和资源量看成物体的重量，物体系统的重心则为物流网点的最佳设置点，利用求物体系统重心的方法来确定物流网点的位置。

7. 差量分析法

差量分析法是根据两个备选方案的差量收入与差量成本的比较来确定差量损益，进而确定哪个方案最优的方法。差量收入是指两个备选方案的预期相关收入之间的差额；差量成本是指两个备选方案的预期相关成本之间的差额。如果差量损益小于零，则后一个方案较优；如果差量损益大于零，则前一个方案较优。

8. 线性规划法

线性规划法用来解决资源的合理利用和合理调配问题。具体来说有两个方面，一是当计划任务已确定时，如何统筹安排，以最少的资源来完成任务。二是当资源的数量已确定时，如何做到合理利用、配置，使完成任务最大化。线性规划的实质是把经济问题转化为数学模型进行定量分析，通过求函数极大值或极小值来确定最优方案。

第四节　物流成本预算与控制

任何一个企业的物流资源，包括物流人员、设备和工具、资金等都是有限的，企业物流部门的目标就是使有限的物流资源取得最大的物流效果。因此，企业在开展物流活动时就必须做好物流成本预算。

一、物流成本预算

（一）物流成本预算的含义

物流成本预算是指一定时期的物流成本计划。它是管理者依据对日常物流核算信息的分析，充分挖掘降低物流成本的潜力，并由此推算出企业为实现预期目标所需物流费用的合理范围，是企业预先确定的物流管理目标。

物流成本预算作为物流成本控制常用的一种手段，在企业中得到广泛的应用。它是指所有以货币形式及其他数量形式反映的有关企业未来一定时期内全部物流活动的行动计划与相应措施的数量说明，包括预算编制和预算控制两项职能。

物流成本预算控制方法通常包括固定预算法、弹性预算法、零基预算法和滚动预算法。在企业实际工作中，由于预算控制方法可操作性强，应用灵活，往往与企业财务预算控制相结合。在物流企业不具备目标成本、标准成本制定条件的情况下，大都采用预算成本控制法。预算成本控制不仅仅用于期间费用和间接费用的控制,也常常用于直接人工和直接材料的成本控制。

物流成本预算作为计划实施与控制的中间环节,它的作用表现在:使物流成本计划进一步具体、明确,通过设定目标和相关责任,将现状与设定目标进行对比分析,以此来协调企业的物流活动;同时,它既是控制日常物流活动的标准,也是考核物流业绩的依据。因此,企业在开展物流活动时,必须做好物流成本预算。

(二)物流成本预算的编制内容

物流成本预算的编制内容与物流成本的核算内容基本类似,物流成本是按照各种不同的分类标准进行分类核算的,同样,物流成本预算也可以按照不同的分类标准进行分类。因此,物流成本的预算可以按照以下内容进行编制:

1. 按物流流程进行编制

企业物流流程成本包括供应物流成本、企业内物流成本、销售物流成本、回收物流成本、废弃物物流成本等。

2. 按物流功能进行编制

物流功能成本包括物品流通成本、物流信息流通成本和物流管理成本三个部分。

物品流通成本是指为完成商品物理性流通而发生的费用,包括包装成本、运输成本、配送成本、仓储成本、流通加工成本、装卸搬运成本等。物流信息流通成本是指因处理、传输有关的物流信息而产生的费用,包括与储存管理、订货处理、顾客服务有关的费用。物流管理成本是指进行物流计算、调整和控制所需的费用,包括作业现场的管理费,也包括企业物流管理部门的管理费。

3. 按支付形式进行编制

物流成本按支付形式可分为材料费、人工费、公益费、维护费、一般经费、委托物流费和向其他企业支付的物流费等。

二、物流成本控制

（一）物流成本控制的含义

物流成本控制是指企业在物流活动过程中依据事先制定的物流成本标准，对实际发生的物流成本进行严格审核，一旦发现偏差，及时采取措施加以纠正，从而实现预定的物流成本目标。在现代企业管理中，物流成本控制具有十分重要的作用。通过物流成本控制，可以降低物流成本，提高企业经济效益。物流成本控制不仅仅局限在降低物流成本方面，其重点将延伸到企业总体战略乃至供应链战略的制定和实施方面。现代企业的物流成本控制强调全员控制、全方位控制及全过程控制，强调效益观念，它强调的不仅仅是孤立地降低物流成本，更重要的是从成本和利润的比较中寻求效益的最大化。

（二）物流成本控制的分类

物流成本控制是企业物流成本管理的一个重要手段，分为广义的物流成本控制和狭义的物流成本控制。广义的物流成本控制，是指按照成本发生的时间划分为事前控制、事中控制和事后控制；狭义的物流成本控制仅指事中控制。

1. 物流成本事前控制

物流成本事前控制指的是运用目标成本法进行物流成本控制，或者采用预算法进行控制，属于前馈控制。目标成本法是指经过物流成本预测和决策，确定目标成本，并将目标成本进行分解，结合经济责任制，层层进行考核。物流成本事前控制的主要内容包括物流系统的设计，如配送中心、仓库的建设，物流设施设备的配备，物流信息系统的建设，作业流程的优化等。物流成本事前控制是物流成本控制最重要的环节，直接影响物流作业流程的成本。

2. 物流成本事中控制

物流成本事中控制指的是运用标准成本法进行物流成本控制，也就是日常控制。它对物流过程中所发生的各项费用（如设备费用、人工费用、工具费用和其他费用支出等）按预定的成本费用标准进行严格的审核和监督，计算实际费用和标准之间的差异，并进行分析，一旦发现偏差，即采取措施加以纠正，并及时进行信息反馈。

3. 物流成本事后控制

物流成本事后控制指的是在物流成本形成之后，对物流成本的核算、分析和考核，属于反馈控制。物流成本事后控制通过实际物流成本和标准的比较，确定差异，分析原因，确定责任者，对物流成本责任单位进行考核和奖惩。

（三）物流成本控制的原则

为了有效地进行物流成本控制，必须遵循以下五项原则。

1. 经济原则

经济原则指的是以较少的投入取得尽可能大的经济效果，也就是对人力、物力、财力的节省。经济原则强调效益观念，是物流成本控制的核心，也是物流成本控制的最基本原则。

2. 全面原则

全面原则包括全员控制、全方位控制及全过程控制。全员控制是指物流成本控制不仅要有专职成本管理机构的人员参与，还要有企业全体人员的广泛参与，才能取得良好的控制效果。全方位控制指的是不仅要对各项费用产生的数额进行控制，还要对发生费用的时间、用途进行控制，讲求物流成本开支的合理性、合法性和经济性。全过程控制是指物流成本控制不局限于生产过程，还要将其向前延伸到物流系统设计、研发，向后延伸到客户服务成本的全过程。

3.责、权、利相结合的原则

要加强物流成本控制，就必须发挥经济责任制的作用，必须坚持责、权、利相结合的原则，要求企业内部各部门、各单位承担相应的物流成本控制职责，赋予其相应的权利，并使其享有相应的利益。只有这样，才能充分调动各方面对物流成本控制的积极性和主动性，取得良好的效果。

4.目标控制原则

物流成本控制是企业目标控制的一项重要内容。目标控制原则是指企业管理将既定的目标作为人力、财力、物力管理的基础，从而实现企业的各项经济指标。物流成本控制是以目标物流成本为依据，控制企业的物流活动，达到降低物流成本、提高经济效益的目的。

5.重点控制原则

重点控制原则指的是加强对物流成本关键点的控制。企业日常的物流成本费用项目众多，计划与实际的差异点也非常多，如果平均使用力量进行管理，往往要花费大量的时间和精力，而且效果不佳。通过关键点的控制来降低物流成本，是物流发达国家的盛行做法，有利于提高物流成本控制的效率。

（四）物流成本控制的步骤

物流成本控制贯穿企业生产经营的全过程，一般来说，物流成本控制包括以下步骤：

1. 制定物流成本标准

物流成本标准是物流成本控制的准绳,是对各项物流费用开支的数量限度,是检查、衡量、评价物流成本水平的依据。物流成本标准应包括物流成本计划规定的各项指标,由于这些指标通常比较宏观,不能用于具体控制,可以采用计划指标分解法、预算法、定额法等来确定,同时还要进行充分的调查研究和科学计算,处理好与其他技术经济指标的关系。

2. 监督物流成本的形成

根据控制标准,经常对物流成本的各个项目进行检查、评价和监督,不仅要检查指标本身的执行情况,还要检查影响指标的各个条件,如设施设备、技术水平、工作环境等。要加强物流费用开支的日常控制,设专人负责监督,还要加强执行者的自我控制,明确经济责任制,调动全体员工的积极性。

3. 及时揭示和纠正偏差

揭示实际物流成本偏离标准成本的差异,分析产生差异的原因,明确责任的归属,提出改进措施并加以贯彻执行。一般采取以下步骤。

首先,提出降低物流成本的课题。从各种物流成本超支项目中寻找降低物流成本的课题,一般是成本降低潜力大、可能改进的项目,对比应提出课题的目的、内容和预期要达到的效益。

其次,讨论和决策。发动有关部门人员进行广泛的研讨,尽可能提出多种解决方案,从中选择最优方案。

再次,确定方案实施的方法、步骤和负责执行的人员。

最后,贯彻执行方案。执行过程中要加强监督,检查其经济效益及是否实现预期目标。

4. 评价和激励

评价物流成本目标的执行结果，根据物流成本绩效实施奖惩。

第五节　供应链物流成本管理

一、供应链物流成本的构成

站在生产商的角度，通过分析其职能来划分物流成本，可将物流成本划分为运输成本、库存持有成本、订单处理成本和缺货成本四类。

（一）运输成本

运输成本是物流成本中最为重要的一部分，无论是制造商向上游供应商采购原材料，还是向下游分销商销售产品，只要涉及物品的位移，就会有运输成本。不仅如此，原材料、在产品、产成品等在企业内部的流转也会产生运输成本。从流程角度划分，运输成本包括将原材料从供应商处运送到生产商手里、搬运原材料入库、运送原材料至生产车间、半成品入库、产成品入库、将产成品运输至分销商的成本。从成本的性质角度看，运输成本由四部分组成：①人工费用，包括按规定支付给运输、配送和搬运职工的基本工资、工资性津贴、奖金和福利费等。②营运费用，包括运输工具（即车辆和船舶等）的折旧费用、燃料费用、维修费用、保险费用、养路费等。③管理费用，包括运输部门管理人员的基本工资、工资性津贴、奖金和福利费，以及日常招待、相关税金等。④如果存在委托给专门的物流公司的项目，那么运输成本还包括支付给物流公司的服务费。

（二）库存持有成本

库存持有成本是为保持存货而发生的成本，分为固定成本和变动成本。固定成本与存货数量无关，如仓库的折旧、仓库职工的固定工资等；变动成本与存货的数量有关，如存货资金的应计利息、存货的破损和变质损失、存货的保险费用。具体来说，库存的持有成本主要由三部分组成。①存货资金占压成本。存货以占用资金为代价，而对资金而言存在机会成本。②调价损失成本。它是指由于市场的变化、激烈的竞争、产品的更新换代或者其他原因，产品市场价格下降，从而造成存货价值的降低。③库存风险成本。它是指货物存放在仓库中由于各种原因所造成的损失。存货放置太久，或者平时对货物的保养不善，都会造成货物的损坏，即变成废品。此外，货物存放在仓库中也可能由于被盗而造成损失。

（三）订单处理成本

订单处理成本是指企业库存低于保险储备量时，向其上游企业取得订货的成本，可分为固定成本和变动成本。固定成本与订货次数无关，如常设机构的基本开支等；变动成本与订货次数有关，如差旅费、邮资等。具体来说，订单处理成本主要包括三个部分：①采购人员的人工费用，即采购人员的工资、奖金、津贴等。②常设采购机构的基本开支，包括固定资产的折旧费用、日常的招待费用等。③采购机构的管理费用，主要是指采购管理人员的人工费用以及差旅费、电话费等。

（四）缺货成本

缺货成本是由于存货供应中断而造成的损失，具体可以分为延期交货和失去销售机会。

1. 延期交货

如果顾客不转向其他企业，等到恢复存货供应时再来购买，则不产生缺货成本。但如果企业为了不失去顾客而进行紧急的加班生产，利用速度快、收费高的运输方式运送货物，则这些成本就构成了延期交货成本。

2. 失去销售机会

某些顾客在缺货时会转向其他竞争者，下次购买时又会回头购买本企业商品，这时，缺货成本是此次未售出商品的利润损失，也包括不可计量的机会损失。某些顾客在本企业缺货时，永远转向了其他供应商，这时缺货成本最大，由企业每年从该顾客身上获得的利润和该顾客的寿命期限决定。

二、供应链物流成本控制的途径

（一）QR 成本控制法

QR（Quick Response，快速响应）成本控制法是指通过在供应链管理中实施快速响应来达到降低供应链物流成本的方法。QR 具体是指在供应链中，为了实现共同的目标，零售商和制造商建立战略伙伴关系，利用 EDI 等信息技术，进行销售时点的信息交换以及订货补充等其他经营信息的交换，用多频度、小数量的配送方式连续补充商品，以实现缩短交货周期、减少库存、降低物流成本、提高客户服务水平和企业竞争力的供应链管理方法。一般来讲，供应链中的共同目标包括：

（1）提高顾客服务水平，即在正确的时间、正确的地点用正确的商品响应消费者的需求。

（2）降低供应链的总成本，增加零售商和厂商的销售额，从而提高零售商和厂商的获利能力。

这种新的合作方式意味着双方都要告别过去的敌对竞争关系，而以战略伙伴关系来提高向最终用户的供货能力，同时降低整个供应链的库存量和总成本。快速响应业务成功的前提是零售商和厂商的关系良好。实现这种关系的方法之一就是组成战略厂商伙伴，包括确定业务合作关系并采用双方互利的业务战略。这种厂商关系的某些趋势已经得到验证，包括及时的跨部门项目小组决策和长期的双方互利关系。

（二）ECR 成本控制法

效率型顾客响应（Efficient Consumer Response，ECR）是 1993 年年初由美国食品行业发起的，由一些制造商、经纪人、批发商和零售商组成有共同目标的联合业务小组，其目标是通过降低和消除供应链上的无谓浪费来提高消费品价值，以达到控制供应链物流成本的目的。ECR 成本控制法是指通过在供应链管理中实施效率型顾客响应来达到降低供应链物流成本的方法。ECR 是一个由生产厂家、批发商和零售商等供应链节点组成，各方相互协调和合作，以更好、更快并以更低的成本满足消费者需要为目的的供应链管理系统。ECR 的优点在于供应链各方为了提高消费者满意度这个共同的目标进行合作，分享信息和诀窍。ECR 的战略主要集中在四个领域：有效的店铺空间安排、有效的商品补充、有效的促销活动、有效的新商品开发与市场投入。

（三）供应链库存管理技术与方法

1. 供应商管理库存（Vendor Managed Inventory，VMI）

长期以来，流通环节中的每一个部门，包括零售商、批发商、供应商，都采用不同的库存控制策略来管理各自的库存，因此，不可避免地会产生需求的扭曲现象，即所谓的需求放大现象，无法使供应商快速地响应用户的需求。在供应链管理环境下，供应链各个环节的活动都应该是同步进行的，而传统的库存控制方法无法满足这一要求。近年来，国外出现了一种新的供应链库存管理方法——供应商管理库存。这种库存管理策略打破了传统的各自为政的库存管理模式，体现了供应链的集成化管理思想，适应市场变化，是一种新的具有代表性的库存管理思想。VMI 的关键措施主要体现在以下四个原则中：①合作精神（合作性原则）。在实施该策略时，相互信任与信息透明是很重要的，供应商和用户（零售商）都要有较好的合作精神，才能相互保持较好的合作。②使双方成本最小（互惠原则）。VMI 不是关于成本如何分配或由谁来支付的问题，而是关于减少成本的问题，通过该策略使双方的成本都获得减少。③框架协议（目标一致性原则）。双方都明白各自的责任，目标上达成一致，如库存放在哪里、什么时候支付、是否要管理费、要花费多少等问题都要回答，并且体现在框架协议中。④连续改进原则，使供需双方能共享利益和消除浪费。VMI 的主要思想是供应商在用户的允许下设立库存，确定库存水平和补给策略，拥有库存控制权。

2. 联合库存管理（Jointly Managed Inventry，JMI）

联合库存管理是一种风险分担的库存管理模式。联合库存管理和供应商管理库存不同，它强调双方同时参与，共同制订库存计划，使供应链过程中的每个库存管理者（供应商、制造商、分销商）都从相互之间的协调性考虑，供应链相邻的两个节点之间的库存管理者对需求的预期保持一致，从而消除需求变异放大现象。

第六章　供应链数字化转型

第一节　数字化转型的背景

一、数字化转型的动因与趋势

（一）概述

随着科技的迅猛发展和全球经济的深度融合，数字化转型已成为企业乃至整个社会发展的必然趋势。数字化转型不仅改变了传统的业务模式，还为企业带来了前所未有的发展机遇。

（二）数字化转型的动因

1. 提高运营效率

数字化转型通过引入先进的技术和工具，优化业务流程，提高运营效率。例如，自动化生产线、智能仓储系统、云计算平台等，可以大幅减少人工操作，降低出错率，提高生产速度和准确性。此外，数字化转型还可以帮助企业实现数据驱动的决策，提高决策效率和准确性。

2. 降低成本

数字化转型有助于企业降低运营成本。通过实现业务流程的自动化和智能化，企业可以减少对大量人力资源的依赖，降低人工成本。同时，数字化转型还可以帮助企业优化供应链管理，降低库存成本和运输成本。

3. 提升客户体验

数字化转型使企业能够更好地了解客户需求，提供更加个性化的产品和服务。通过数据分析、人工智能等技术，企业可以精准预测客户行为，实现精准营销和精准服务。此外，数字化转型还可以优化客户服务流程，提高响应速度和问题解决能力，从而提升客户满意度和忠诚度。

4. 应对市场竞争

在数字化时代，市场竞争愈发激烈。企业要想在市场中立足，必须积极拥抱数字化转型。通过数字化转型，企业可以创新业务模式，拓展新的市场空间，提高市场竞争力。

（三）数字化转型的趋势

1. 云计算的普及

云计算作为数字化转型的重要基础设施，将在未来继续普及。云计算平台可以提供弹性、可扩展的计算和存储资源，帮助企业实现数据的集中存储和处理。随着云计算技术的不断完善和成本的不断降低，越来越多的企业将选择将业务迁移到云上，实现资源的共享和优化配置。

2. 大数据与人工智能的融合

大数据和人工智能是数字化转型的两大核心技术。随着数据量的爆炸式增长和计算能力的提升，大数据和人工智能的融合将成为未来的发展趋势。通过大数据分析和人工智能算法，企业可以深入挖掘数据价值，实现精准决策和智能化运营。同时，人工智能还可以帮助企业实现自动化和智能化生产，提高生产效率和产品质量。

3. 物联网的广泛应用

物联网技术可以将各种设备和传感器连接起来，实现数据的实时采集和传输。随着物联网技术的不断发展和成熟，其应用场景将越来越广泛。在数字化转型中，物联网技术将帮助企业实现设备的智能化管理、供应链的透明化追踪以及服务的智能化升级。

4. 区块链技术的探索应用

区块链技术以其去中心化、不可篡改的特性，在数字化转型中展现出巨大的潜力。虽然目前区块链技术还处于探索阶段，但其在供应链管理、金融交易、版权保护等领域的应用前景广阔。未来，随着区块链技术的不断完善和标准化，其将在数字化转型中发挥更加重要的作用。

（四）数字化转型的挑战与对策

数字化转型虽然带来了诸多机遇，但同时也面临着诸多挑战。企业需要积极应对这些挑战，制定合理的数字化转型策略。

1. 数据安全问题

随着数字化转型的深入，数据安全问题日益凸显。企业需要加强数据管理和安全防护，确保数据的安全性和隐私性。同时，企业还需要建立完善的应急响应机制，以应对可能出现的数据泄露和攻击事件。

2. 技术更新迭代快

数字化转型涉及的技术更新迭代非常快，企业需要保持敏锐的洞察力和学习能力，及时跟进新技术的发展和应用。同时，企业还需要加强内部培训和教育，提高员工的数字化素养和技能水平。

3. 组织文化与变革管理

数字化转型不仅仅是技术的变革，更是组织文化和业务流程的变革。企业需要加强变革管理，推动组织文化的转型和升级。同时，企业还需要建立有效的沟通机制，确保员工对数字化转型的理解和支持。

数字化转型是企业发展的必然趋势，它将为企业带来前所未有的发展机遇和挑战。企业需要深入理解数字化转型的动因和趋势，制定合理的数字化转型策略，加强数据安全防护和技术更新迭代能力，推动组织文化和业务流程的变革。只有这样，企业才能在数字化时代中立于不败之地，实现可持续发展。

二、数字化转型对企业的影响

（一）概述

随着信息技术的飞速发展和全球经济一体化的深入推进，数字化转型已经成为企业生存与发展的重要趋势。数字化转型不仅改变了企业的运营模式和业务流程，还对企业的组织结构、管理方式和市场竞争力产生了深远的影响。

（二）提升运营效率与降低成本

数字化转型通过引入先进的技术和工具，显著提升了企业的运营效率。例如，自动化生产线、智能仓储系统、云计算平台等技术的应用，使得企业在生产、物流、管理等环节实现了自动化和智能化，大幅减少了人工干预和错误率，提高了生产速度和准确性。这不仅提升了企业的整体运营效率，还降低了运营成本，为企业创造了更大的经济效益。

(三)优化客户体验与增强市场竞争力

数字化转型使企业能够更深入地了解客户需求和行为,从而提供更加个性化和精准的产品和服务。通过数据分析、人工智能等技术手段,企业可以精准预测市场趋势和客户需求,实现精准营销和精准服务。这不仅提升了客户满意度和忠诚度,还增强了企业的市场竞争力。同时,数字化转型也为企业创新业务模式提供了可能,如线上销售、跨境电商等新型业态的兴起,为企业拓展了新的市场空间。

(四)促进组织变革与文化转型

数字化转型不仅改变了企业的业务模式和运营流程,还对企业的组织结构和企业文化产生了深远的影响。在数字化转型的过程中,企业需要打破传统的部门壁垒,实现跨部门、跨领域的协同合作。这要求企业建立更加灵活、开放的组织结构,鼓励员工跨部门交流和合作。同时,数字化转型也要求企业塑造一种创新、开放、协作的企业文化,以适应快速变化的市场环境和技术发展趋势。

(五)增强数据驱动决策能力

数字化转型使企业能够收集和分析海量数据,为决策提供更加准确、全面的信息支持。通过大数据分析、数据挖掘等技术手段,企业可以深入了解市场趋势、客户需求、竞争对手情况等信息,为制定科学、合理的战略决策提供有力支持。同时,数字化转型还可以帮助企业实现实时监控和预警,及时发现和解决潜在问题,提高决策的及时性和有效性。

(六)应对挑战与风险

数字化转型也为企业带来了一系列挑战和风险。首先,数据安全问题是数字化转型过程中需要重点关注的问题。随着企业数据的不断增长和传输，数据泄露、黑客攻击等风险也随之增加。企业需要加强数据安全管理，建立完善的数据保护机制，确保数据的安全性和隐私性。其次，技术更新迭代快也是数字化转型面临的挑战之一。企业需要紧跟技术发展趋势，及时更新和升级技术设备和系统，以保持竞争优势。此外，数字化转型还需要企业投入大量的人力、物力和财力，这对企业的资源配置和资金管理能力提出了更高要求。

（七）数字化转型的未来展望

展望未来，数字化转型将继续深入发展，对企业的影响也将更加深远。随着5G、物联网、人工智能等技术的不断进步和应用，数字化转型将为企业带来更加广阔的发展空间和机遇。同时，随着市场竞争的加剧和客户需求的不断变化，企业需要不断加强自身的数字化转型能力，以适应市场变化和发展需求。

综上所述，数字化转型对企业产生了深远的影响。它提升了企业的运营效率，优化了客户体验并增强了市场竞争力，促进了组织变革与文化转型，增强了数据驱动决策能力。然而，数字化转型也带来了一系列挑战和风险，企业需要积极应对并加强相关能力和管理。未来，随着技术的不断进步，数字化转型将继续为企业带来更多的机遇和挑战，企业需要保持敏锐的洞察力和创新能力，以应对未来的变化。

在数字化转型的道路上，企业应结合自身实际情况，制定合适的数字化转型策略，并持续投入资源和精力推进。同时，企业还需要加强员工培训，提高员工的数字化素养，为数字化转型提供有力的人才保障。只有这样，企业才能在数字化时代中保持领先地位，实现可持续发展。

第二节　供应链数字化的关键要素

一、技术基础设施的建设与升级

（一）概述

在信息化、数字化的时代，技术基础设施的建设与升级对于企业的运营发展，乃至整个社会的经济进步都起到了至关重要的作用。技术基础设施不仅仅是硬件设备的堆砌，更包括软件、网络、数据安全等一系列的综合性建设。

（二）技术基础设施建设与升级的重要性

1. 提升运营效率

技术基础设施的建设与升级可以显著提升企业的运营效率。例如，通过引进先进的生产设备和自动化系统，企业可以实现生产流程的自动化和智能化，减少人工干预，提高生产速度和准确性。同时，升级的网络基础设施和云计算平台可以加速数据的传输和处理，使得企业能够更快速地响应市场需求，提高决策效率。

2. 促进创新发展

技术基础设施的完善是企业创新发展的重要支撑。随着新技术的不断涌现，如人工智能、大数据、物联网等，企业需要拥有与之匹配的基础设施来支撑这些技术的研发和应用。通过技术基础设施的建设与升级，企业可以引进新技术，开发新产品，拓展新市场，从而推动企业的创新发展。

3. 保障信息安全

在信息化时代，信息安全问题日益突出。技术基础设施的建设与升级可以为企业提供更强大的信息安全保障。通过引进先进的安全设备和技术，企业可以构建多层次的安全防护体系，防止数据泄露和黑客攻击。同时，升级的安全管理系统可以实时监测网络状态，及时发现和处理安全隐患，确保企业信息系统的稳定运行。

（三）技术基础设施建设与升级面临的挑战

1. 技术更新换代快

技术更新换代的速度非常快，这使得企业在技术基础设施的建设与升级过程中面临着巨大的挑战。企业需要紧跟技术发展的步伐，不断更新和升级自身的技术基础设施，以适应新的市场需求和技术趋势。

2. 复合型人才匮乏

技术基础设施的建设与升级需要既懂技术又懂管理的复合型人才。然而，目前市场上这类人才相对匮乏，这使得企业在推进技术基础设施建设与升级时面临着人才短缺的问题。企业需要加强人才培养和引进，建立一支高素质的技术团队，以支撑技术基础设施的建设与升级工作。

3. 信息安全风险高

随着信息技术的广泛应用，信息安全风险也日益增加。在技术基础设施的建设与升级过程中，企业需要面对各种安全威胁和挑战，如黑客攻击、数据泄露等。企业需要加强信息安全意识，完善安全防护措施，确保技术基础设施的安全稳定运行。

（四）技术基础设施建设与升级的应对策略

1. 制定合理规划

企业在进行技术基础设施建设与升级时，应制定合理的规划，明确建设目标、任务和步骤。规划应充分考虑企业的实际情况和发展需求，结合行业发展趋势和技术特点，确保技术基础设施的建设与升级能够为企业带来实际效益。

2. 加大投入力度

技术基础设施的建设与升级需要投入大量的资金和资源。企业应加大投入力度，确保建设项目的顺利进行。同时，企业还应积极寻求政府、金融机构等外部支持，降低建设成本，提高建设效益。

3. 引进和培养人才

企业应积极引进和培养技术基础设施建设与升级所需的人才。通过招聘、培训、合作等方式，吸引更多的优秀人才加入企业，为企业的发展提供有力的人才保障。同时，企业还应建立良好的激励机制，激发员工的创新精神和工作热情。

4. 强化信息安全保障

企业应加强信息安全意识，建立完善的信息安全保障体系。通过引进先进的安全技术和管理手段，构建多层次的安全防护体系，同时，企业还应加强信息安全培训，提高员工的安全意识和应对能力。

技术基础设施的建设与升级是企业发展的重要支撑，也是推动社会进步的重要力量。面对技术更新换代快、复合型人才匮乏以及信息安全风险高等挑战，企业应制定合理的规划，加大投入力度，引进和培养人才，强化信息安全保障，以确保技术基础设施的建设与升级能够为企业带来实际效益，推动企业的持续健康发展。

二、数据治理与质量保障

（一）概述

随着信息技术的迅猛发展和大数据时代的到来，数据已经成为企业运营和决策的核心要素。然而，数据的质量问题也随之凸显，数据的不准确、不完整、不一致等问题严重影响了企业的业务发展和决策效果。因此，数据治理与质量保障成为了企业亟待解决的重要问题。

（二）数据治理的内涵与重要性

数据治理是指通过制定一系列政策、流程、标准和规范，确保数据的完整性、准确性、一致性和安全性，以满足企业的业务需求。数据治理的重要性主要体现在以下几个方面：

提升数据质量：数据治理通过规范数据的采集、存储、处理和使用过程，确保数据的准确性和完整性，从而提高数据的质量。

优化决策效果：高质量的数据能够为企业的决策提供有力支持，帮助企业做出更加科学、合理的决策，提升企业的竞争力。

降低风险成本：数据治理能够及时发现和处理数据中的异常和错误，避免因数据问题导致的业务风险和经济损失。

促进业务创新：通过数据治理，企业可以更好地挖掘和利用数据的价值，推动业务创新和发展。

（三）数据质量保障的策略与措施

数据质量保障是数据治理的重要组成部分，其目标是确保数据的准确性、完整性、一致性和可用性。以下是一些数据质量保障的策略与措施：

制定数据质量标准：企业应结合自身业务特点和需求，制定明确的数据质量标准，包括数据的定义、格式、范围、精度等要求，为数据质量保障提供明确的指导。

建立数据质量监控机制：企业应建立数据质量监控机制，定期对数据进行检查、验证和评估，及时发现和处理数据质量问题。同时，还应建立数据质量报告制度，定期向管理层报告数据质量改进情况。

强化数据源头管理：数据源头是数据质量的关键所在，企业应加强对数据源头的管理和控制，确保数据的准确性和完整性。例如，可以通过规范数据录入流程、加强数据校验和验证等方式来保障数据质量。

实施数据清洗和整合：对于已经存在的数据质量问题，企业可以通过数据清洗和整合的方式进行处理。数据清洗可以去除重复、错误和无效的数据，提高数据的准确性和一致性；数据整合则可以将不同来源、格式和标准的数据进行统一处理和管理，提高数据的可用性。

加强数据安全意识：数据安全是数据质量的重要保障。企业应建立完善的数据安全管理制度，加强对数据的保护和管理，防止数据泄露、篡改和破坏等风险。同时，还应加强员工的数据安全意识培训和教育，提高员工对数据安全的重视程度。

（四）数据治理与质量保障的实施挑战与应对

虽然数据治理与质量保障的重要性不言而喻，但在实际实施过程中却面临诸多挑战。以下是一些常见的挑战及应对策略：

技术挑战：随着数据量的不断增长和技术的不断更新，企业需要不断引进新的技术和工具来支持数据治理和质量保障工作。企业应关注技术发展趋势，及时升级和更新技术设备和系统，提高数据处理和管理的能力。

组织挑战：数据治理与质量保障需要跨部门的协作和配合，但企业内部往往存在部门壁垒和信息孤岛等问题。企业应建立跨部门的数据治理团队，加强部门间的沟通和协作，形成合力推进数据治理和质量保障工作。

人才挑战：数据治理与质量保障需要具备专业知识和技能的复合型人才，但市场上这类人才相对匮乏。企业应加大人才培养和引进力度，建立激励机制，吸引和留住优秀人才，为数据治理和质量保障提供有力的人才保障。

数据治理与质量保障是企业数据管理的重要组成部分，对于提升数据质量、优化决策效果、降低风险成本以及促进业务创新具有重要意义。企业应结合自身实际情况和需求，制定合理的数据治理和质量保障策略，加强技术、组织和人才等方面的建设，不断提升数据治理和质量保障水平，为企业的发展提供有力支撑。

三、数字文化的培养与推广

（一）概述

随着信息技术的飞速发展，数字文化已经渗透到我们生活的方方面面，成为现代社会不可或缺的一部分。数字文化不仅改变了人们的信息获取方式、交流方式和娱乐方式，还深刻地影响着人们的思维方式、价值观念和行为习惯。

（二）数字文化的内涵与特点

数字文化是以数字技术为基础，以数字化信息为载体，通过数字化平台进行传播、交流和创新的文化形态。它具有以下特点：

高效性：数字技术使得信息的获取、传播和处理变得更加高效，人们可以迅速获取所需信息，进行跨时空的交流与合作。

互动性：数字文化强调用户的参与和互动，人们可以通过社交媒体、在线论坛等渠道发表观点、分享经验，形成多元、开放的文化氛围。

创新性：数字技术为文化创新提供了无限可能，人们可以利用数字化工具进行艺术创作、设计创新和文化传承，推动文化的多样性和繁荣。

（三）数字文化的培养策略

加强数字教育：学校应将数字教育纳入课程体系，培养学生掌握基本的数字技能和素养，包括信息检索、数据处理、网络安全等方面的知识。同时，还应加强教师的数字素养培训，提升教师的数字化教学能力。

推广数字资源：政府和社会机构应加大数字资源的投入和建设力度，提供丰富的数字化产品和服务，满足人们的多样化需求。例如，建设数字图书馆、数字博物馆等，让人们可以通过网络平台随时随地获取知识和信息。

营造数字氛围：社会应营造积极、健康的数字文化氛围，鼓励人们积极参与数字化活动，如在线学习、网络社交、数字娱乐等。同时，还应加强网络文明建设，引导人们树立正确的网络道德观念和行为规范。

（四）数字文化的推广途径

利用媒体平台：媒体是推广数字文化的重要渠道。通过电视、广播、报纸等传统媒体以及互联网、移动媒体等新媒体平台，可以广泛传播数字文化的理念和实践成果，提高公众对数字文化的认知度和接受度。

开展文化活动：举办数字文化节、数字艺术展、数字创意大赛等活动，可以吸引更多人关注和参与数字文化。这些活动不仅可以展示数字文化的魅力，还可以为人们提供学习和交流的平台，推动数字文化的普及和发展。

加强国际交流：数字文化是全球性的文化现象，加强国际交流与合作有助于推动数字文化的共同发展。通过参与国际数字文化论坛、展览和合作项目，可以学习借鉴其他国家和地区的先进经验和技术成果，促进数字文化的创新和发展。

（五）数字文化培养与推广的挑战与对策

在数字文化的培养与推广过程中，我们也面临着一些挑战。首先，数字鸿沟问题依然存在，不同地区、不同群体之间的数字化水平差异较大，这制约了数字文化的普及和发展。对此，政府和社会应加大投入力度，推动数字技术的普及和应用，缩小数字鸿沟。

其次，网络安全和隐私保护问题日益突出。随着数字文化的深入发展，网络安全威胁和隐私泄露风险也在不断增加。因此，我们需要加强网络安全监管和技术防范，保护用户的合法权益和数据安全。

此外，数字文化的过度商业化和娱乐化倾向也值得关注。在推广数字文化的过程中，我们应注重其教育价值和文化内涵的挖掘与传承，避免过度追求商业利益和娱乐效果。

数字文化的培养与推广是一项长期而艰巨的任务，需要政府、学校、社会机构和个人的共同努力。通过加强数字教育、推广数字资源、营造数字氛围以及利用媒体平台等途径，我们可以逐步培养人们的数字化素养和文化意识，推动数字文化的健康发展。同时，我们还应关注数字文化发展过程中面临的挑战和问题，积极寻求解决方案和对策，确保数字文化能够在正确的轨道上不断前进。

在未来，随着数字技术的不断创新和应用领域的不断拓展，数字文化将发挥更加重要的作用。我们应把握时代机遇，积极推动数字文化的培养与推广，为构建数字化社会、促进文化创新和发展做出更大的贡献。

第三节 数据驱动的决策制定

一、数据分析在供应链决策中的应用

（一）概述

随着全球化和信息化的快速发展，供应链管理已成为企业竞争的核心要素之一。供应链决策涉及多个环节，包括采购、生产、物流、销售等，这些环节之间的协调与优化对于提升供应链整体效率至关重要。数据分析作为一种有效的决策支持工具，其在供应链决策中的应用越来越广泛。

（二）数据分析在供应链决策中的应用

1. 需求预测与计划

需求预测是供应链决策的基础，它决定了采购、生产和物流等后续环节的策略制定。数据分析可以帮助企业收集历史销售数据、市场趋势、消费者行为等多维度信息，通过统计学和机器学习算法进行建模和预测，从而更准确地把

握未来市场需求。基于预测结果,企业可以制定更为合理的生产计划、库存策略和物流规划,降低库存成本,提高响应速度。

2.供应链风险管理

供应链风险包括供应商风险、运输风险、库存风险等,这些风险可能对企业的正常运营造成严重影响。数据分析可以帮助企业识别和评估供应链中的潜在风险,通过实时监测供应链各环节的运行状况,及时发现异常情况并采取相应的应对措施。此外,数据分析还可以帮助企业建立风险预警机制,提前预警可能出现的风险,为企业制定风险防范策略提供有力支持。

3.供应商评价与选择

供应商是供应链的重要组成部分,其质量和稳定性直接影响到供应链的整体性能。数据分析可以帮助企业收集供应商的相关信息,包括价格、质量、交货期、服务水平等,通过建立评价模型对供应商进行综合评价。基于评价结果,企业可以选择出最合适的供应商,建立长期稳定的合作关系,降低采购成本,提高供应链的整体效率。

4.库存优化与管理

库存管理是供应链决策中的关键环节,过多的库存会增加企业的资金占用和运营成本,而过少的库存则可能导致缺货风险。数据分析可以帮助企业实时掌握库存状况,通过预测未来需求、分析库存周转率、计算安全库存量等手段,实现库存水平的动态调整。此外,数据分析还可以帮助企业优化库存结构,降低呆滞库存和过期库存的比例,提高库存周转率。

（三）数据分析在供应链决策中的优势

1. 提高决策准确性

数据分析基于大量历史数据和实时信息，能够揭示出数据背后的规律和趋势，为供应链决策提供有力支持。通过数据分析，企业可以更加准确地把握市场需求、供应商状况、库存水平等关键信息，提高决策的准确性和有效性。

2. 提升供应链效率

数据分析可以帮助企业优化供应链流程，降低运营成本，提高响应速度。通过需求预测、风险管理、供应商评价等手段，企业可以更加高效地管理供应链资源，实现资源的优化配置和高效利用。

3. 增强企业竞争力

数据分析能够帮助企业及时发现市场变化和竞争态势，为企业制定灵活的供应链策略提供有力支持。通过数据分析，企业可以更加精准地把握市场机遇，提升客户满意度，增强企业的市场竞争力。

（四）实施挑战与应对策略

尽管数据分析在供应链决策中具有诸多优势，但在实际应用过程中也面临着一些挑战。首先，数据质量问题可能影响到分析结果的准确性。企业需要建立完善的数据采集、清洗和验证机制，确保数据的准确性和完整性。其次，数据分析需要专业的技能和知识支持，企业需要加强人才培养和引进力度，提升团队的数据分析能力。此外，数据安全和隐私保护也是不可忽视的问题，企业需要加强数据管理和安全防护措施，确保数据的安全性和合规性。

数据分析在供应链决策中发挥着越来越重要的作用，它能够帮助企业提高决策准确性、提升供应链效率、增强企业竞争力。然而，在实施过程中也需要注意数据质量、专业技能、数据安全等问题。未来，随着技术的不断进步和应用场景的不断拓展，数据分析在供应链决策中的应用将更加广泛和深入。企业需要积极拥抱数据分析技术，加强人才培养和团队建设，不断提升数据驱动的供应链决策能力，以应对日益复杂多变的市场环境。

二、数据驱动的决策模型与算法

（一）概述

在当今数据爆炸的时代，数据驱动决策已经成为各行各业发展的核心动力。无论是大型企业还是初创公司，都需要通过数据来洞察市场趋势、优化业务流程、提升运营效率。数据驱动的决策模型与算法正是实现这一目标的关键工具，它们能够帮助我们从海量数据中提取有价值的信息，进而指导决策制定。

（二）数据驱动的决策模型

数据驱动的决策模型是一种基于数据分析的决策支持系统，它利用统计学、机器学习、数据挖掘等技术，从数据中提取有用信息，为决策制定提供科学依据。常见的数据驱动决策模型包括回归分析、决策树、随机森林、神经网络等。这些模型各具特色，可以根据不同的业务需求和数据类型选择合适的模型。

回归分析是一种通过拟合自变量和因变量之间的关系来预测因变量值的模型。它可以帮助我们了解不同因素如何影响目标变量，从而制定相应的策略。例如，在市场营销中，回归分析可以用于预测销售额与广告投放量、产品价格等因素之间的关系，从而优化广告投放策略和产品定价策略。

决策树和随机森林是两种基于树结构的分类和回归模型。它们通过构建一系列决策规则来将数据划分为不同的类别或预测目标变量的值。决策树具有直观易懂的特点，而随机森林则通过集成多个决策树来提高模型的预测精度。在风险管理中，这些模型可以帮助企业识别潜在风险并进行分类，为制定风险防范措施提供依据。

神经网络是一种模拟人脑神经网络的机器学习模型，具有强大的非线性映射能力。它可以通过学习大量数据中的复杂关系来发现隐藏在数据中的规律。在供应链管理领域，神经网络可以用于预测库存需求、优化运输路线等，帮助企业提高供应链的灵活性和响应速度。

（三）数据驱动的决策算法

数据驱动的决策算法是实现决策模型的关键技术。这些算法包括数据预处理算法、特征选择算法、模型训练算法等。数据预处理算法用于清洗和整理原始数据，消除噪声和异常值；特征选择算法用于从众多特征中筛选出对模型性能影响最大的特征；模型训练算法则用于根据训练数据调整模型参数，使模型具备良好的泛化能力。

在实际应用中，选择合适的算法对于提高决策模型的精度和效率至关重要。例如，在图像处理领域，卷积神经网络（Support Vector Machine，CNN）算法可以通过逐层卷积和池化操作提取图像中的特征信息，从而实现对图像的准确分类和识别。在金融风控领域，支持向量机（Support Vector Machine，SVM）算法可以通过构建高维空间中的超平面来实现对风险客户的准确识别。

（四）数据驱动的决策模型与算法的应用场景

数据驱动的决策模型与算法已经广泛应用于各个行业和领域。在电子商务领域，通过用户行为数据和购买数据的分析，可以实现精准营销和个性化推荐；

在医疗领域，基于患者病历和医学图像数据的分析，可以辅助医生进行疾病诊断和治疗方案制定；在智慧城市领域，通过交通流量数据和环境监测数据的分析，可以优化城市交通规划和环境保护措施。

（五）未来发展趋势

随着大数据、云计算、人工智能等技术的不断发展，数据驱动的决策模型与算法将迎来更加广阔的应用前景。未来，我们可以期待以下几个方面的发展：

模型的复杂性和精度将不断提高，能够更好地处理高维、非线性、动态变化的数据；

算法的训练和推理速度将不断提升，以满足实时决策的需求；

模型的可解释性和鲁棒性将得到更多关注，以确保决策结果的可靠性和稳定性；

跨领域的数据融合和知识共享将成为可能，为复杂问题的决策提供更多维度的信息支持。

数据驱动的决策模型与算法在推动现代企业管理和业务创新中发挥着至关重要的作用。通过充分利用数据和先进算法，我们能够更好地理解市场需求，优化运营流程，提高决策效率。随着技术的不断进步和应用场景的日益丰富，数据驱动的决策模型与算法将在未来发挥更加重要的作用，为企业创造更大的价值。因此，我们应该积极拥抱数据驱动的理念，加强数据分析和算法研究，不断提升企业的数据驱动决策能力。

三、数据驱动决策的实施与评估

（一）概述

随着信息技术的迅猛发展，数据已经成为企业决策的重要依据。数据驱动决策的实施不仅有助于提高决策的准确性和效率，还能够优化企业运营，增强市场竞争力。然而，数据驱动决策的实施并非一蹴而就，需要经过一系列的规划、执行和评估过程。

（二）数据驱动决策的实施步骤

1. 明确决策目标与需求

在实施数据驱动决策之前，首先需要明确决策的目标和需求。这包括确定决策的具体问题、涉及的业务领域、期望达到的效果等。通过明确目标与需求，可以为后续的数据收集、分析和应用提供明确的指导。

2. 数据收集与整合

数据是数据驱动决策的基础，因此数据的收集与整合至关重要。企业需要确定所需数据的来源、类型、范围和精度，并制定合理的数据收集方案。同时，还需要对数据进行清洗、整理、标准化和存储，以确保数据的准确性和可用性。

3. 数据分析与建模

在收集到足够的数据后，需要利用统计分析、机器学习等方法对数据进行深入挖掘和分析，提取出有价值的信息和规律。此外，还可以根据业务需求建立相应的决策模型，通过模型预测和优化决策方案。

4.决策制定与执行

基于数据分析和建模的结果,企业可以制定相应的决策方案。在决策制定过程中,需要综合考虑多种因素,权衡利弊得失。决策方案确定后,需要制定详细的执行计划,明确责任分工和时间节点,确保决策的有效实施。

5.监控与调整

数据驱动决策的实施并非一劳永逸,需要持续监控和调整。企业需要建立相应的监控机制,对决策执行过程进行实时跟踪和评估。一旦发现异常情况或效果不佳,需要及时调整决策方案或优化数据模型,以确保决策的持续有效性。

(三)数据驱动决策的评估方法

1.决策效果评估

决策效果评估是数据驱动决策评估的核心内容。通过对比实施数据驱动决策前后的业务指标变化,如销售额、利润率、客户满意度等,可以直观地评估决策的效果。此外,还可以利用统计方法和预测模型对决策的长期影响进行预测和评估。

2.数据质量评估

数据质量直接影响到数据驱动决策的准确性和有效性。因此,需要对数据进行质量评估,包括数据的完整性、准确性、一致性和可用性等方面。通过数据质量评估,可以发现数据中存在的问题和不足,为数据收集和处理提供改进方向。

3.模型性能评估

在数据驱动决策中,模型性能评估是评估决策模型优劣的重要手段。通过计算模型的准确率、召回率、F1值等指标，可以评估模型在预测和分类任务中的表现。此外，还可以利用交叉验证、ROC曲线等方法对模型进行更全面的评估。

4. 过程与流程评估

数据驱动决策的实施过程与流程也是评估的重要内容。通过对决策制定、执行、监控和调整等环节的评估，可以发现流程中存在的问题和不足，为优化决策流程提供改进建议。同时，还可以评估团队成员在数据驱动决策中的能力和表现，为提升团队整体能力提供依据。

（四）数据驱动决策实施与评估的挑战与应对策略

1. 数据安全与隐私保护

在数据驱动决策的实施过程中，数据安全与隐私保护是首要考虑的问题。企业需要建立完善的数据安全管理制度和技术防护措施，确保数据的合法获取、存储和使用。同时，还需要加强员工的数据安全意识培训，提高数据保护的意识和能力。

2. 技术与人才瓶颈

数据驱动决策的实施需要具备一定的技术和人才支持。然而，目前许多企业在技术和人才方面仍存在瓶颈。为应对这一挑战，企业可以加强技术研发投入，引进先进的数据分析工具和平台；同时，还需要加强人才培养和引进力度，提升团队的数据分析和决策能力。

3. 组织文化与制度障碍

数据驱动决策的实施还需要克服组织文化和制度方面的障碍。一些企业可能存在传统决策思维惯性或制度僵化等问题,导致数据驱动决策难以落地。为此,企业需要积极推动组织文化的变革,树立数据驱动的决策理念;同时,还需要优化相关制度和流程,为数据驱动决策的实施提供有力保障。

数据驱动决策的实施与评估是一个复杂而系统的过程,需要企业在明确目标与需求的基础上,进行数据收集与整合、分析与建模、决策制定与执行以及监控与调整等工作。同时,还需要通过决策效果评估、数据质量评估、模型性能评估和过程与流程评估等方法对决策实施进行全面的评估和改进。在实施过程中,企业需要关注数据安全与隐私保护、技术与人才瓶颈以及组织文化与制度障碍等挑战,并采取相应的应对策略以确保数据驱动决策的有效实施和持续改进。

随着数据技术的不断发展和完善,数据驱动决策将在企业决策中发挥越来越重要的作用。因此,企业应积极拥抱数据驱动的理念和方法,加强数据管理和分析能力建设,不断提升数据驱动决策的质量和水平,以应对日益复杂多变的市场环境。

第四节 供应链智能化的实践

一、人工智能在供应链中的应用实例

(一)概述

随着科技的飞速发展,人工智能(Artificial Intelligence,AI)已逐渐渗透到各个领域,其中,供应链作为连接生产者与消费者的桥梁,其高效运作对于

企业的竞争力和市场地位至关重要。近年来，人工智能在供应链领域的应用日益广泛，为供应链管理带来了革命性的变革。

（二）人工智能在供应链中的应用实例

1. 智能预测与需求规划

传统的供应链管理中，需求预测通常依赖于历史销售数据和人工分析，这种方法往往存在误差大、反应速度慢等问题。而人工智能技术的应用，使得需求预测变得更加精准和高效。例如，利用机器学习算法对历史销售数据进行训练，可以建立预测模型，实现对未来需求的准确预测。此外，结合大数据分析技术，还可以对市场需求、消费者行为等进行深入挖掘，为企业的生产计划和库存管理提供有力支持。

2. 智能仓储与库存管理

仓储和库存管理是供应链中的重要环节，其效率直接影响到企业的运营成本和客户满意度。人工智能技术的应用，使得仓储和库存管理变得更加智能化和自动化。例如，通过引入无人仓库系统，利用机器人进行货物的搬运和分拣，可以大大提高仓储作业的效率。同时，结合物联网技术，可以实时监控库存情况，实现库存的自动补货和调拨，降低库存成本。

3. 智能物流与配送

物流与配送是供应链中的关键环节，其效率和准确性直接影响到客户的购物体验。人工智能技术的应用，使得物流与配送变得更加智能和高效。例如，利用智能调度系统，可以实现对运输车辆的实时监控和调度，优化运输路线，降低运输成本。此外，通过引入无人机、无人车等新型运输工具，还可以实现"最后一公里"配送的自动化和智能化，提高配送效率。

4. 智能风险管理与预警

供应链中存在着诸多风险，如供应商风险、运输风险、质量风险等。传统的风险管理方式往往依赖于人工经验和判断，难以做到全面和及时。而人工智能技术的应用，使得风险管理和预警变得更加智能和高效。例如，利用数据挖掘和机器学习技术，可以对供应链中的各类数据进行深度分析，发现潜在的风险点，并提前进行预警。同时，结合自然语言处理技术，还可以对供应链中的各类信息进行实时监控和分析，及时发现异常情况，为企业的风险管理提供有力支持。

（三）人工智能在供应链中的优势

1. 提高效率与降低成本

人工智能技术的应用，使得供应链的各个环节都能够实现自动化和智能化，大大提高了工作效率。同时，通过优化运输路线、降低库存成本等方式，还可以帮助企业降低运营成本。

2. 提升服务质量与客户满意度

通过对市场需求的精准预测和对物流配送的智能优化，人工智能可以确保企业及时、准确地满足客户需求，从而提升服务质量和客户满意度。

3. 强化风险管理与应对能力

人工智能的风险预警和监控功能可以帮助企业及时发现并应对供应链中的潜在风险，保障供应链的稳定性与安全性。

（四）人工智能在供应链中面临的挑战

1. 数据安全与隐私保护问题

在利用人工智能进行供应链管理时，涉及大量的企业运营数据和客户信息。

如何确保这些数据的安全与隐私，防止数据泄露和滥用，是一个亟待解决的问题。

2. 技术更新与人才培养问题

人工智能技术的不断更新和升级需要企业不断投入研发资源，同时，也需要具备相应技能的人才来支持。因此，企业在应用人工智能时，需要注重技术更新和人才培养。

3. 法律法规与伦理道德问题

人工智能在供应链中的应用可能涉及一些法律法规和伦理道德问题，如数据使用权限、责任归属等。企业需要遵守相关法律法规，并关注伦理道德问题，确保人工智能技术的合法、合规使用。

人工智能在供应链中的应用实例展示了其巨大的潜力和价值。通过智能预测与需求规划、智能仓储与库存管理、智能物流与配送以及智能风险管理与预警等方面的应用，人工智能为供应链管理带来了前所未有的变革。然而，在应用人工智能的过程中，企业也需要关注数据安全与隐私保护、技术更新与人才培养以及法律法规与伦理道德等问题，确保人工智能技术的健康、可持续发展。

展望未来，随着人工智能技术的不断进步和普及，其在供应链中的应用将更加广泛和深入。企业需要积极拥抱人工智能技术，加强技术研发和人才培养，不断提升供应链的智能化水平，以应对日益激烈的市场竞争和客户需求。同时，政府和社会各界也需要加强合作，共同推动人工智能技术的发展和应用，为经济社会发展注入新的动力。

二、智能化技术与系统集成

（一）概述

随着科技的飞速进步，智能化技术已逐渐成为各行各业创新发展的核心驱动力。作为信息化与工业化深度融合的产物，智能化技术以其强大的数据处理能力和高度的自动化、智能化特点，正改变着人们的生产和生活方式。系统集成，则是智能化技术应用过程中的关键环节，它通过整合不同系统、平台和设备，实现资源的优化配置和高效利用。

（二）智能化技术的内涵与发展

智能化技术是指利用人工智能、大数据、云计算、物联网等先进技术，对信息进行采集、传输、处理和应用，实现系统的自动化、智能化运行。这些技术的快速发展为各行各业带来了前所未有的变革，提高了生产效率，降低了运营成本，同时也为人们提供了更加便捷、高效的服务。

近年来，随着深度学习、自然语言处理、计算机视觉等领域的突破，智能化技术的应用范围不断拓宽。在制造业中，智能化技术可以实现生产线的自动化监控和智能调度，提高生产效率；在服务业中，智能化技术可以优化客户体验，提供个性化服务；在农业领域，智能化技术可以实现精准农业管理，提高农作物产量和品质。

（三）系统集成的概念与重要性

系统集成是指将不同系统、平台和设备通过一定的技术手段进行连接和整合，形成一个统一协调的整体，以实现资源共享、信息互通和协同工作。在智能化技术的应用过程中，系统集成发挥着至关重要的作用。

首先，系统集成有助于实现资源的优化配置。通过整合不同系统，可以充分利用各系统的优势资源，避免资源的浪费和重复建设。其次，系统集成可以提高工作效率。通过实现信息的实时共享和协同工作，可以减少沟通成本，提高工作效率。此外，系统集成还有助于提升系统的安全性和稳定性。通过对各系统进行统一管理和维护，可以降低系统故障的风险，提高系统的可靠性和稳定性。

（四）智能化技术与系统集成的应用实例

1. 智能交通系统

智能交通系统是智能化技术与系统集成在交通领域的典型应用。通过集成交通监控、信号控制、车辆定位等系统，实现交通信息的实时采集、传输和处理，提高交通管理效率，缓解交通拥堵问题。同时，智能交通系统还可以为驾驶员提供实时路况信息，优化行车路线，提高行车安全性。

2. 智能医疗系统

智能医疗系统是智能化技术与系统集成在医疗领域的创新应用。通过整合医疗影像、病历管理、远程诊疗等系统，实现医疗信息的共享和协同工作，提高医疗服务的效率和质量。此外，智能医疗系统还可以利用大数据和人工智能技术，对医疗数据进行深度挖掘和分析，为医生提供更加精准的诊疗方案。

3. 智能家居系统

智能家居系统是智能化技术与系统集成在家庭领域的应用体现。通过集成家居安防、照明控制、环境监测等系统，实现家居设备的互联互通和智能控制。用户可以通过手机、平板等设备对家居设备进行远程操控，享受便捷、舒适的家居生活。

（五）智能化技术与系统集成的未来发展趋势

1. 智能化程度不断提升

随着人工智能技术的不断进步，智能化技术的应用将更加广泛和深入。未来，智能化技术将在更多领域实现突破，推动各行业实现更加高效、智能的生产和服务。

2. 系统集成更加高效与灵活

随着云计算、物联网等技术的发展，系统集成将更加高效和灵活。未来，系统集成将更加注重用户体验和需求，提供更加个性化的解决方案，满足不同行业的定制化需求。

3. 安全性和稳定性得到进一步保障

在智能化技术与系统集成的应用过程中，安全性和稳定性始终是关注的重点。未来，随着技术的不断进步和完善，系统集成的安全性和稳定性将得到进一步保障，为用户提供更加可靠、稳定的服务。

智能化技术与系统集成作为信息化与工业化深度融合的重要体现，正推动着各行各业的创新发展。通过整合不同系统、平台和设备，实现资源的优化配置和高效利用，为人们提供更加便捷、高效的服务。未来，随着技术的不断进步和应用领域的不断拓展，智能化技术与系统集成将在更多领域发挥重要作用，推动社会经济的持续健康发展。

参考文献

[1] 张喜才. 互联网+背景下现代农业产业链整合管理 [M]. 北京：中国商业出版社，2016.

[2] 陈栋. 物流与供应链管理智慧化发展探索 [M]. 长春：吉林科学技术出版社，2021.

[3] 丁俊发. 供应链企业实战 [M]. 北京：中国铁道出版社，2018.

[4] 范碧霞，饶欣. 物流与供应链管理 [M]. 上海：上海财经大学出版社，2016.

[5] 冯耕中. 物流信息系统 [M]. 北京：机械工业出版社，2020.

[6] 高见，高明. 新时代物流管理与发展研究 [M]. 北京：中国原子能出版社，2019.

[7] 霍红. 采购管理 [M]. 北京：科学出版社，2018.

[8] 季敏，浦玲玲，杨双林，等. 仓储与配送管理实务 [M]. 北京：清华大学出版社，2018.

[9] 贾春玉，双海军，钟耀广. 仓储与配送管理 [M]. 北京：机械工业出版社，2019.

[10] 金婕. 物流学概论 [M]. 大连：东北财经大学出版社，2019.

[11] 李佑珍. 运输管理实务 [M]. 北京：高等教育出版社，2020.

[12]［美］刘宝红.采购与供应链管理：一个实践者的角度[M].北京：机械工业出版社，2019.

[13]刘胜春，李严锋.第三方物流[M].大连：东北财经大学出版社，2019.

[14]刘伟华，刘希龙.服务供应链管理[M].北京：中国财富出版社，2019.

[15]罗春燕，曹红梅，赵博.物流与供应链管理[M].北京：清华大学出版社，2020.

[16]缪兴锋，别文群.数字供应链管理实务[M].北京：中国轻工业出版社，2021.

[17]施先亮.智慧物流与现代供应链[M].北京：机械工业出版社，2020.

[18]施云.智慧供应链架构 从商业到技术[M].北京：机械工业出版社，2022.

[19]孙国华.物流与供应链管理[M].北京：清华大学出版社，2018.

[20]孙茂竹.成本管理学[M].北京：中国人民大学出版社，2019.

[21]孙中桥，朱春燕.现代物流学理论与实务[M].南京：东南大学出版社，2022.

[22]王喜富，崔忠付.智慧物流与供应链信息平台[M].北京：中国财富出版社，2019.

[23]王先庆.新物流：新零售时代的供应链变革与机遇[M].北京：中国经济出版社，2019.

[24]魏学将，王猛，张庆英.智慧物流概论[M].北京：机械工业出版社，2020.

[25]伍京华.物流与供应链管理[M].北京：高等教育出版社，2018.

[26] 夏春玉. 物流与供应链管理 [M]. 大连：东北财经大学出版社，2020.

[27] 殷延海，焦刚. 互联网+物流配送 [M]. 上海：复旦大学出版社，2019.

[28] 赵启兰，张力，卞文良等. 物流创新能力培养与提升 [M]. 北京：机械工业出版社，2021.

[29] 朱传波. 物流与供应链管理：新商业、新链接、新物流 [M]. 北京：机械工业出版社，2018.

[30] 朱一青. 城市智慧配送体系研究 [M]. 北京：中国时代经济出版社，2019.